Die Selbstkostenberechnung im Fabrikbetriebe

Praktische Beispiele
zur richtigen Erfassung der Generalunkosten
bei der Selbstkostenberechnung
in der Metallindustrie

Von

O. Laschinski

Zweite, vermehrte Auflage

Berlin
Verlag von Julius Springer
1918

ISBN-13:978-3-642-90019-8 e-ISBN-13:978-3-642-91876-6
DOI: 10.1007/978-3-642-91876-6

Softcover reprint of the hardcover 2nd edition 1918

Vorwort zur ersten Auflage.

Obwohl die Generalunkosten in jedem Fabrikationsgeschäft einen wesentlichen, wenn nicht gar den größten Teil der Selbstkosten ausmachen, wird die Unkostenstatistik, die eine individuelle Belastung der verschiedenen Fabrikationsabteilungen mit den anteiligen Generalunkosten ermöglichen soll, noch fast allgemein stark vernachlässigt. Eine ordnungsmäßige und genaue Selbstkostenberechnung ist aber in Fabrikationsgeschäften nur in den seltensten Fällen ohne Unkostenstatistik denkbar.

Bei Zurückführung der deutschen Industrie auf den Friedensfuß, die die meisten der während des Krieges entstandenen Werke zur Aufnahme neuer Fabrikationszweige veranlassen wird, werden der Selbstkostenberechnung ungleich größere Aufgaben erwachsen, als bei den jetzigen Kriegsaufträgen. Kann sich die Selbstkostenberechnung dann nicht auf eine gute Unkostenstatistik stützen, so wird sie in vielen Fällen ihre Aufgaben nicht erfüllen können.

Den großen Einfluß der Generalunkosten auf die Selbstkostenberechnung darzutun, ist der Zweck des vorliegenden, aus der Praxis entstandenen Buches. Hoffentlich wird es recht vielen Interessenten eine willkommene Anregung bieten.

Berlin, im Oktober 1917. O. Laschinski.

Vorwort zur zweiten Auflage.

Das rege Interesse, das meine „Selbstkostenberechnung" gefunden hat, zeigte sich auch in dem Umstand, daß die erste Auflage bereits nach wenigen Monaten vergriffen war. Ich sah mich in meiner Annahme, mit der kleinen Schrift einem bestehenden Bedürfnis entgegenzukommen, nicht getäuscht.

Bei der Bearbeitung des Materials für die erste Auflage leitete mich zunächst die Absicht, meine durch jahrelange Tätigkeit als Betriebskaufmann erworbenen Erfahrungen den im praktischen Dienst stehenden Betriebsbeamten zugänglich zu machen und deren Interesse für eine geordnete Selbstkostenberechnung zu wecken. Die jetzt erscheinende zweite Auflage bringt das Büchlein in wesentlich erweiterter Form, so daß ich glaube erwarten zu dürfen, daß es sich auch über den Kreis der eigentlichen Interessenten hinaus Freunde erwerben wird.

Berlin-Mariendorf, im September 1918. O. Laschinski.

Inhaltsverzeichnis.

Einleitung.

Während in einem kleinen Fabrikbetriebe, in dem der Leiter noch ohne Mühe den ganzen Betrieb bis in seine kleinsten Einzelheiten übersehen kann, die Selbstkostenberechnung keinerlei nennenswerte Schwierigkeiten verursacht, ist es in einem großen Fabrikationsgeschäft, in dem die verschiedensten Erzeugnisse hergestellt werden, schlechterdings unmöglich, die Selbstkosten für jedes einzelne Fabrikat und in jedem einzelnen Falle der Wirklichkeit genau entsprechend anzugeben. Zwar werden der direkte Lohnaufwand und die Kosten für das Rohmaterial sich auch in den größten Fabrikbetrieben mit einigermaßen moderner Organisation für jedes Erzeugnis und in jedem Einzelfalle mit Leichtigkeit richtig feststellen lassen, zu den Selbstkosten eines Fabrikates gehört aber neben Lohn- und Materialaufwand auch noch ein näher zu bestimmender Anteil der Generalunkosten. Der einwandfreien Feststellung dieses Anteils für jeden Einzelfall stellen sich jedoch in großen Fabrikationsbetrieben fast unübersehbare Schwierigkeiten entgegen. Man wird daher in solchen Geschäften unmöglich eine „haarscharfe" Selbstkostenberechnung für jedes einzelne Fabrikat ausführen können.

Auch wenn die Generalunkosten unter Berücksichtigung der besonderen Eigenart für jede Werkstatt, für jede Arbeitsmaschine gesondert festgestellt werden, wird die Selbstkostenberechnung ein nur der Wirklichkeit möglichst nahekommendes Ergebnis erzielen können.

Aber wie weit ist die Organisation vieler deutschen Fabrikbetriebe noch davon entfernt, differenzierte Generalunkostenzuschläge für die verschiedenen Arbeitsmaschinen und Arbeitsoperationen richtig feststellen zu können. Findet man doch heute noch Großbetriebe, die ihre Generalunkosten durch einen gleichmäßigen prozentualen Lohn- oder Materialaufschlag bei der Selbstkostenberechnung eindecken. Natürlich kann man bei genügender Sorgfalt auch auf diesem Wege erreichen, daß die Gesamtunkosten eines Geschäfts bei der Selbstkostenberechnung im ganzen Deckung finden. Man kann aber, wenn in einem Betriebe verschiedene Fabrikate hergestellt werden, bei diesem Verfahren trotz größter Sorgfalt nie die wahren Kosten des einzelnen Erzeugnisses auch nur annähernd richtig ermitteln. Nehmen wir nur an, ein Werk fabriziere Gewindekaliber und Gewindebohrer. Die Herstellung der ersteren erfolge auf Leitspindeldrehbänken, die der Gewindebohrer fast ausschließlich auf Automaten. Die Anfertigung der Kaliber durch gelernte, gut bezahlte Dreher wird einen großen direkten Lohnaufwand erfordern, während dieser bei den Gewindebohrern verschwindend klein, dafür aber hier die indirekten Löhne für Einrichten usw. um so größer sein werden. Will man nun bei der Selbstkostenberechnung gleichmäßig für Gewindebohrer und Gewindekaliber auf die direkten Löhne denselben Unkostenzuschlag verrechnen, so werden ohne Frage die Gewindebohrer bei diesem Verfahren gegenüber den wirklichen Selbstkosten zu billig und die Gewindekaliber zu teuer werden. Vorausgesetzt, daß dieser einheitliche Zuschlag auf Grund richtiger Unterlagen festgestellt war, wird man zwar die Generalunkosten des Geschäfts im ganzen richtig eindecken, was aber nichts daran ändert, daß man bei den Gewindebohrern zusetzt und diesen Verlust bei den Kalibern wieder herausholen muß. Solche falschen Rechnungsmethoden können dahin führen, daß man mit den hohen Preisen eines Erzeugnisses — in diesem Falle den Gewindekalibern — nicht mehr konkurrenzfähig bleibt und die Aufträge hierfür zurückgehen. Beim Nachlassen dieses Fabrikationszweiges tritt dann unweigerlich ein Verlust ein, während die falsche Selbstkostenberechnung der Gewindebohrer noch immer einen Gewinn erwarten ließ.

In sehr vielen Betrieben wird sogar noch heute der zur Selbstkostenberechnung erforderliche Generalunkostenzuschlag nicht auf Grund gewissenhafter Berechnungen von Zeit zu Zeit neu ermittelt, sondern entweder rein gefühlsmäßig geschätzt oder nach dem Beispiel ähnlicher Fabrikationsbetriebe angenommen. Hierbei verkennt man ganz und gar, daß die zur Deckung der Generalunkosten erforderlichen Zuschläge in zwei der Art nach noch so eng verwandten Fabrikbetrieben doch nur in den seltensten Fällen übereinstimmen werden. Kommt es doch in erster Linie darauf an, zu wissen, welche Unkosten in einem festgesetzten Zuschlage enthalten sind. Nehmen wir als Beispiel zwei Automatendrehereien. Die erste verrechnet das Einrichten der Maschinen direkt auf die Aufträge und ermittelt zur Deckung ihrer Generalunkosten einen erforderlichen Lohnzuschlag von 200%. Die zweite Fabrik übernimmt diesen Zuschlag von 200% für ihre eigene Selbstkostenberechnung, ohne die näheren Umstände zu kennen. Da sie die Löhne der Einrichter als unproduktiv zu den Generalunkosten rechnet, kann sie bei einem Lohnaufschlag von 200% — vorausgesetzt, daß die Verhältnisse sonst gleich sind — nie ihre Generalunkosten decken. Schon beim ersten Jahresabschluß wird das Geschäft, wenn es seine Verkaufspreise auf Grund dieser falschen Rechnung festgesetzt hatte, die Folgen solcher unzulänglichen Selbstkostenberechnung unangenehm zu merken bekommen.

Oft aber gibt auch der ungünstige Jahresabschluß nur Veranlassung, den Zuschlag rein gefühlsmäßig zu erhöhen. Sorgfältige Berechnungen fehlen in vielen Fällen, und die Ursachen des Übels werden — wenn überhaupt — erst erkannt, wenn es meistens schon zu spät ist.

Von allergrößter Wichtigkeit ist, wie bereits im Vorwort angedeutet, die richtige Verrechnung der Generalunkosten dann, wenn von dem Werke neue Fabrikationszweige aufgenommen oder alte fallen gelassen werden, wie dieses bei der Zurückführung der deutschen Industrie auf den Friedensfuß wohl bei sehr vielen Fabrikationsbetrieben der Fall sein wird. In solchen Fällen kann sich die Selbstkostenberechnung nicht mehr allein auf die Erfahrung stützen, die sie sich im bisherigen Geschäftsgange erworben hatte. Eine nicht auf solider Grundlage beruhende Kalkulation kann hier aber oft die schwersten Folgen haben.

Die systematische Unkostenstatistik ermöglicht nun, für die nach Arbeitsoperationen getrennten Werkstätten differenzierte, ihrer Eigenart im weitesten Maße Rechnung tragende Generalunkostenzuschläge zu ermitteln. Derart für Bearbeitungsarten bzw. Maschinengrößen festgestellte abgestufte Zuschläge machen es jedem in der Vorkalkulation einigermaßen erfahrenen Techniker möglich, die Selbstkosten jedes neu aufzunehmenden Artikels annähernd richtig festzustellen. Trotzdem bleibt jede Vorkalkulation, hauptsächlich bei Stücken, deren Bearbeitung mit Schwierigkeiten verknüpft ist, eine Schätzung. Die Nachkalkulation muß dann im einzelnen zeigen, welche Kosten in Wirklichkeit erwachsen sind, und somit brauchbare Unterlagen für die Preisberechnung weiterer Aufträge schaffen. Sie muß aber auch weitergehend erkennen lassen, wie die einzelnen Fabrikationszweige des Werkes an dem Gesamtgeschäftsergebnis beteiligt sind. Da wird sich oft herausstellen, daß, obwohl das Geschäftsergebnis im ganzen kein ungünstiges ist, die Fabrikation einzelner oder auch nur eines Artikels eine ganz erhebliche Minderung des Geschäftsgewinnes herbeigeführt hat, da die Selbstkosten den Verkaufspreis ganz wesentlich übersteigen. Kann man die Herstellungskosten eines solchen Artikels nicht dementsprechend herabsetzen oder den Verkaufspreis den tatsächlichen Selbstkosten entsprechend erhöhen, so wird das, wenn ohne anderweitige Beeinträchtigung durchführbare, rechtzeitige Fallenlassen eines solchen Artikels auf das Geschäftsergebnis oft von unerwartet günstigem Einfluß sein.

Die Vorbedingung, um derartige Schlüsse ziehen zu können, wird stets eine sorgfältige, individuelle Unkostenstatistik sein. Der als Leiter mit diesen Arbeiten betraute Beamte wird neben dem erforderlichen kaufmännischen Wissen über reiche praktische Erfahrungen verfügen müssen. Er wird die Gesamtorganisation des Betriebes inwendig und auswendig kennen und die Fähigkeit besitzen müssen, in die verborgensten Winkel der Unkostenentstehung eindringen zu können.

Mit der rein kaufmännischen Buchhaltung wird die Unkostenstatistik, die vielfach auch Betriebsbuchhaltung genannt wird, trotz der Verschiedenheit ihrer Aufgabengebiete, in inniger Zusammenarbeit stehen und zwischen dem die Waren herstellenden Betriebe und der Zentralbuchhaltung das erwünschte Bindeglied sein müssen.

In welcher Form die Unkostenstatistik in einem größeren Fabrikbetriebe der Maschinenbranche bequem und übersichtlich durchgeführt werden kann, will das vorliegende Buch in einem der Praxis entnommenen Beispiel zeigen. Erklärlicherweise wird diese Form nicht ohne weiteres für jeden Betrieb anwendbar sein, doch wird das von Anfang bis Ende praktisch durchgearbeitete Beispiel mit den reichlich eingeflochtenen Vergleichen wohl überall den erforderlichen Anhalt für eine geplante derartige Einrichtung oder für den Ausbau vorhandener Ansätze bieten können.

Was sind Generalunkosten?

Als Generalunkosten bezeichnet man alle Kosten, die einem Geschäfte neben dem direkten Material- und Lohnaufwand bei der Herstellung und dem Vertrieb der Waren erwachsen. Die mehr oder weniger große Höhe dieser Generalunkosten im Verhältnis zu den Löhnen oder dem Materialaufwand läßt nicht ohne weiteres einen Schluß auf die Wirtschaftlichkeit eines Fabrikbetriebes zu. So werden z. B. unter sonst gleichen Verhältnissen in einem Betriebe mit veralteten Maschinen und Einrichtungen, in dem ein großer direkter Lohnaufwand erforderlich ist, die Generalunkosten im Verhältnis zu diesen direkten Löhnen geringer erscheinen, als in einem alle Erfahrungen der Neuzeit ausnutzenden modernen Betriebe. Bei diesem wird der direkte Lohnaufwand infolge vorteilhafterer Arbeitsmethoden wesentlich niedriger als in dem veralteten Betriebe sein, dafür werden aber die Generalunkosten schon bei absolut gleichem Umfange im Verhältnis zu den Löhnen bedeutend höher erscheinen.

Wollte man aus diesem Umstande allein auf die Wirtschaftlichkeit des Betriebes schließen, so würde man zweifelsohne einen Fehlschluß ziehen, denn in der Regel wird der moderne Betrieb trotz der relativ höheren Generalunkosten billiger arbeiten als der unmoderne Betrieb. Das Produkt, das sich aus der Summe der Materialkosten, der direkten Löhne und der anteiligen Generalunkosten ergibt und die Selbstkosten darstellt, wird bei dem Betriebe mit neuzeitlichen Einrichtungen infolge geringeren direkten Lohnaufwandes kleiner sein als bei dem bei veralteten Arbeitsmethoden und Einrichtungen zurückgebliebenen Betriebe.

Welche Ausgaben und Wertminderungen im einzelnen zu den Generalunkosten zu rechnen sind, läßt sich nicht so kurz umschreiben. Als Leitmotiv muß immer der Grundsatz dienen, daß alle bei der Warenherstellung und beim Vertriebe entstehenden Kosten und Verluste, die nicht direkt auf die Aufträge verrechnet werden können, indirekt durch den Generalunkostenzuschlag berücksichtigt werden müssen.

Im allgemeinen werden wohl alle in einem Fabrikgeschäfte entstehenden Unkosten entweder durch den Betrieb bedingt und demzufolge als unvermeidliches Übel anzusehen sein, oder aber sie werden in irgendeiner anderen Form Geschäftszwecken dienen, wenn auch oft ein derartiger Zusammenhang nicht ohne weiteres ersichtlich ist. Nehmen wir z. B. den Fall, daß eine Fabrik für ihre Arbeiterschaft eine Speiseanstalt oder eine Fachschule errichtet. Diese Einrichtungen werden oft auf den ersten Blick als Wohlfahrtseinrichtungen anmuten, mögen es in einzelnen Fällen auch sein, größtenteils wird ihre Errichtung jedoch auf rein geschäftliche Rücksichten zurückzuführen sein. Es soll z. B. die Mittagspause in einer Fabrik $1^1/_2$ Stunden betragen. Durch die lange Unterbrechung der Arbeitszeit in den günstigsten Tagesstunden wird erstens die Ausnutzung der Kraftanlage und im Winter vor allen Dingen der Heizungsanlage stark beeinträchtigt, und zweitens — vielleicht der wesentlichste Nachteil — erwachsen durch die Hinausschiebung des Arbeitsschlusses in die Abendstunden dem Geschäft ganz erhebliche Mehrkosten für Beleuchtung. Im Interesse des Geschäfts liegt es also, die $1^1/_2$stündige Mittagspause, während der der Betrieb ruht, die Heizkessel aber unter Feuer gehalten werden müssen, nach Möglichkeit einzuschränken. Nun ist recht gut der Fall möglich, daß die Arbeiterschaft diesem Vorhaben aus Gründen der Ernährungsfrage ablehnend gegenübersteht. Um trotzdem zum Ziele zu kommen, ohne den alten Arbeiterstamm zu verlieren, errichtet die Firma eine Arbeiterspeiseanstalt und erreicht dadurch die Herabsetzung der Mittagspause auf eine halbe Stunde. Muß das Essen in dieser Speiseanstalt an die Arbeiterschaft unter dem Selbstkostenpreise abgegeben werden, so werden — vorausgesetzt, daß die Zuschüsse in einem gesunden Verhältnis zu den durch die Verkürzung der Mittagspause erreichten Vorteilen stehen — auch die hierdurch dem Geschäft erwachsenden Unkosten indirekt im Interesse der billigeren Warenproduktion erfolgen. Sie bilden somit einen Teil der Generalunkosten und sind demnach bei den Selbstkosten der hergestellten Fabrikate von vornherein zu berücksichtigen.

Dasselbe trifft auf die Fachschule zu. Auch diese wird im Geschäftsinteresse gegründet, um einen Stamm besonders gut durchgebildeter Leute heranzuziehen. Deren wertvollere Arbeit wird namentlich in Präzisionswerkstätten auf die Herstellung der Fabrikate von günstigstem Einfluß sein können. Alle zur Erreichung dieses Zweckes entstehenden Unkosten — also auch die Einrichtungs- und Unterhaltungskosten der Fachschule — werden daher ohne weiteres mit zu den Selbstkosten der Erzeugnisse zu rechnen sein.

Von diesen Sonderbeispielen zurückkommend auf die Frage: „Was sind Generalunkosten?“ führe ich nachstehend einige Positionen an, die vielleicht in jedem Fabrikgeschäft die wesentlichsten Bestandteile der Generalunkosten bilden dürften:

die Verzinsung des geliehenen Kapitals, wie Hypotheken, Bankschulden usw.

Beiträge für die Kranken-, Invaliden-, Unfall- und Angestelltenversicherung,
Gehälter der Angestellten, einschließlich Teuerungszulagen und Gratifikationen,
Steuern jeder Art, einschließlich Stempelsteuern,
Prämien für Feuer- und andere Versicherungen,
Porto, Fernsprech-, Telegramm- und Postscheckgebühren,
Provisionen, Spesen, Geschäftsreisen, Reklame, Inserate,
Zölle, Frachten und Rollgelder,
Bureauunkosten, wie Schreibmaterialien, Drucksachen usw.
Patentkosten, Konventionalstrafen, Gerichts- und Prozeßkosten,
Vereins- und Verbandsbeiträge,
Abschreibungen auf Fabrikgebäude bzw. Mietskosten für von Dritten überlassene Betriebsräume,
Abschreibungen auf Betriebs- und Arbeitsmaschinen, Werkzeuge, Utensilien usw.,
Instandhaltungskosten der vorstehend aufgeführten Anlageobjekte,
Betriebskosten der Kraftstation und Heizungsanlage bzw. Kosten für elektrischen Strom, Wasser und Gas,
Verbrauch an Betriebsmaterialien,
Unterhaltung der Gespanne und Automobile bzw. Kosten für Mietgespanne,
unproduktive Löhne, soweit sie in vorstehenden Positionen nicht miteinbegriffen sind.

Dieses Verzeichnis soll aber keineswegs den Anspruch auf Vollständigkeit für jeden Betrieb haben, sondern nur, wie auch vorausgeschickt, die wesentlichsten Bestandteile der Generalunkosten jedes Fabrikgeschäftes nennen. Die besondere Eigenart der verschiedenen Werke wäre natürlich außerdem zu berücksichtigen.

Bei den Frachten und Zöllen für ausgehende Waren und bei den Vertreterprovisionen wird es sich meistens empfehlen, diese nicht gemeinsam mit den anderen Generalunkosten in einem Zuschlage zu verrechnen, sondern nur bei der Selbstkostenberechnung der betreffenden Fabrikate direkt zu berücksichtigen, da sonst diejenigen Erzeugnisse, die an den genannten Unkosten nicht beteiligt sind, zu Unrecht mit diesen Anteilen belastet würden.

Die Verzinsung des eigenen Anlagekapitals rechne ich nicht zu den Generalunkosten. Jede auch noch so bescheidene Verzinsung des eigenen Kapitals wird immer einen Gewinn darstellen, nie aber zu den tatsächlichen Selbstkosten eines Fabrikates gehören. Nun dient ja schließlich jede privatwirtschaftliche Produktion letzten Endes der Erzielung eines Gewinnes. Diesen will man auch schon bei der Selbstkostenberechnung sicherstellen und rechnet demzufolge oft eine normale

Verzinsung des eigenen Anlagekapitals zu den Generalunkosten. Für richtiger halte ich, bei der Selbstkostenberechnung des Herstellungspreises nur die tatsächlichen Kosten zu berücksichtigen und erst bei der Feststellung des Verkaufspreises einen entsprechenden Gewinnaufschlag zu machen.

Vielfach wird auch der Mietswert eigener Fabrik- und Verwaltungsgebäude zu den Generalunkosten gerechnet, und zwar mit der Begründung, daß andere in Mietsräumen untergebrachte Betriebe die Mietskosten doch auch zu ihren Generalunkosten rechnen müssen. Das ist nun aber ein ganz falscher Vergleich. Die Mietskosten für die von einem Dritten dem Betriebe überlassenen Räume stellen eine tatsächliche Ausgabe dar, für deren Deckung selbstverständlich von vornherein zu sorgen ist. Bei eigenen Gebäuden fehlt aber die Ausgabe in dieser Form. Sind die Gebäude mit Hypotheken belastet, was wohl in sehr vielen Fällen zutreffen wird, so sind ja statt der Mietskosten die Hypothekenzinsen und außerdem die Abschreibungen auf Gebäudekonto und die Instandhaltungskosten in den Generalunkosten enthalten. Wollte man außerdem noch den errechneten Mietswert der Fabrikgebäude einsetzen, so würde dieses Verfahren fälschlich eine doppelte Belastung darstellen.

Auch wenn in den Grundstücken und Gebäuden nur eigenes Kapital angelegt ist, würde die Einsetzung des Mietswertes in die Generalunkosten für eine genaue Selbstkostenberechnung nicht angängig sein. Die hierdurch bezweckte Sicherstellung einer angemessenen Verzinsung des in den Gebäuden angelegten eigenen Kapitals würde bereits einen Gewinn darstellen, also nicht zu den tatsächlichen Selbstkosten gehören. Natürlich soll auch eine Verzinsung des in den Grundstücken und Gebäuden investierten Kapitals von vornherein gesichert werden. Dies geschieht aber, wie bereits vorher ausgeführt, besser durch Berücksichtigung eines entsprechenden Gewinnaufschlages bei der Festsetzung der Verkaufspreise.

Die Selbstkosten sollen immer nur die tatsächlichen Kosten enthalten und das Resultat soll der Wirklichkeit so nahe wie möglich kommen. Befolgt man diese Regel, so wird man auch stets in der Lage sein, bei einem neuen Abschluß sofort zu wissen, wie weit man mit seinem Angebot heruntergehen kann.

Ich habe mehrfach den Einwand zu hören bekommen, daß es für das Geschäft einen tatsächlichen Verlust bedeute, wenn eine normale Verzinsung des im eigenen Werke investierten Kapitals nicht von vornherein zu den Generalunkosten gerechnet wird. Es gehe dem Geschäft der Zinsenbetrag verloren, den es durch Beteiligung mit dem betreffenden Kapital in einem fremden Unternehmen erzielen würde. Bei diesem an und für sich hinkenden Vergleiche übersieht man, daß man dann ja gezwungen wäre, für das eigene Unternehmen fremdes Kapital aufzunehmen und ebenfalls zu verzinsen.

Die Abschreibungen auf Gebäude, Maschinen usw. sind nur in dem Umfange zu den Generalunkosten zu rechnen, als diese Abschreibungen dem tatsächlichen Verschleiß ungefähr entsprechen. Wenn z. B. unter normalen Verhältnissen für die in einem Betriebe vorhandenen Werkzeugmaschinen eine Lebensdauer von 10 Jahren ermittelt worden ist, so würden jährlich 10% des Anschaffungswertes der voraussichtlichen Wertminderung entsprechen und demzufolge zu den Generalunkosten zu rechnen sein. Werden in günstigen Geschäftsjahren höhere Abschreibungen gemacht, so kann der überschießende Teil nicht mehr zu den Generalunkosten rechnen, denn hätte man nicht ein solch gutes Geschäftsergebnis, so würde man diese hohen Abschreibungen ja nicht vornehmen. Sie erfolgen also aus dem Geschäftsgewinn. Anders liegt die Sache, wenn in einem Jahre infolge stärkerer Beanspruchung der Maschinen Abschreibungen in entsprechend erhöhtem Umfange vorgenommen werden. So z. B., wenn eine Fabrik, die unter normalen Verhältnissen täglich 10 Stunden arbeitet, durch Anhäufung der Aufträge oder durch sonstige Gründe gezwungen wird, in drei Schichten zu je 8 Stunden zu arbeiten und dieser Zustand längere Zeit anhält. Dann werden ohne Frage die Arbeitsmaschinen durch stärkere Beanspruchung und den Umstand, daß gründliche Reparaturen während dieser Zeit nicht ausgeführt werden können, bedeutend mehr abgenutzt und ihre Lebensdauer demzufolge verringert. Die entsprechend erhöhten Abschreibungen sind in solchen Fällen daher ohne Frage in vollem Umfange zu den Generalunkosten zu rechnen.

Jeder Fabrikleiter wird natürlich bestrebt sein, die Generalunkosten nach Möglichkeit einzuschränken. Hierfür wird eine möglichst weitgehende Aufteilung der Generalunkosten die beste Handhabe bieten. Der Fabrikleiter wird dadurch in die Lage gesetzt, die einzelnen Unkostenarten bis in ihre Ursprünge zu verfolgen und möglichst an der Wurzel zu fassen.

In vielen Werken werden infolge unpraktischer, auf den Arbeitsgang keine Rücksicht nehmende Anlage des Betriebes die Generalunkosten durch umständliche Hin- und Hertransporte, eine dadurch bedingte große Hilfsarbeiterkolonne usw. in starkem Maße ungünstig beeinflußt. Es ist ja zwar nicht immer möglich, diesen Mißstand in der Fabrikanlage nachträglich ganz zu beseitigen, in vielen Fällen aber fehlt es nur an der Erkenntnis für die Wichtigkeit dieser Angelegenheit. Eine gut ausgebildete und längere Zeit durchgeführte Unkostenstatistik wird durch die zahlenmäßige Erfassung und übersichtliche Darstellung der einzelnen Bestandteile der Generalunkosten stets die Möglichkeit zur Erkenntnis solcher Übelstände geben, wenn auch nicht immer deren Beseitigung durch die bloße Erkenntnis ermöglicht wird.

Die in diesem Kapitel angeführten, bald in das kaufmännische, bald in das technische Gebiet hineinspielenden Punkte lassen schon erkennen, daß man sich mit den Generalunkosten weit eingehender beschäftigen muß, als dieses noch heute in vielen Betrieben der Fall ist. In allen größeren Fabrikgeschäften wird man hierfür ein besonderes Bureau vorsehen müssen, das aber mit der Betriebsleitung sowohl als mit der Hauptbuchhaltung in einem durch den Stoff selbst bedingten Zusammenhange stehen muß. Je nach der Größe und Vielseitigkeit des Betriebes wird zur Durchführung der für eine geordnete Unkostenstatistik erforderlichen Arbeiten ein mehr oder weniger umfangreiches Personal nicht entbehrt werden können. Jedoch ist auch hierbei stets zu berücksichtigen, daß die Elle nicht teurer werden darf als der Kram.

Die beiden Hauptgruppen der Generalunkosten.

Die Zerlegung der Generalunkosten wird zunächst in die beiden Hauptgruppen „Betriebsunkosten" und „Handlungsunkosten" oder „Vertriebsunkosten" erfolgen müssen. Zu der ersten Gruppe zählen alle bei der Herstellung der Erzeugnisse entstehenden bzw. durch den Betrieb direkt oder indirekt bedingten Unkosten. Die zweite Gruppe wird nur die bei dem Vertrieb der Waren erwachsenden bzw. durch diesen Vertrieb direkt oder indirekt bedingten Unkosten umfassen. Diese Trennung wird nicht überall in allen Punkten haarscharf durchführbar sein. In jedem größeren Fabrikationsgeschäft gibt es Unkosten, die sich auf beide Gruppen verteilen, wie überhaupt beide Gruppen vielfach ineinandergreifen. Man kann wohl in der Theorie annehmen, daß die Verkaufsabteilung die Waren von dem Betriebe zum Vertrieb übernimmt, ähnlich wie ein reines Handelsgeschäft von einem fremden Fabrikanten. Demzufolge müßten auch die Betriebsunkosten und Handlungsunkosten in allen Punkten scharf voneinander trennbar sein. In der Praxis ist es jedoch etwas anders. Nehmen wir an, ein Fabrikunternehmen hat mehrere örtlich voneinander getrennte, unselbständige Betriebe. Die Waren, die in dem einen Betriebe vorgearbeitet werden, werden in dem zweiten weiterbearbeitet und in dem dritten Betriebe fertiggestellt. Dem Verkehr zwischen den einzelnen Betrieben dienen Pferdegespanne und Automobile, und zwar sowohl eigene als auch gemietete. Zur besseren Ausnutzung dieser Verkehrsmittel befördern diese auf ihren Wegen auch fertige Waren direkt zur Kundschaft oder zur Bahn. Ebenso dient die innere Expeditionsabteilung in diesem Falle sowohl dem Betriebe als auch dem Vertriebe.

Die durch den Transport der Halbfabrikate und Rohmaterialien von Betrieb zu Betrieb dem Geschäft erwachsenden direkten und indirekten Transportkosten rechnen wohl ohne weiteres zu den Betriebsunkosten, während die bei dem Vertrieb durch die Beförderung der fertigen Waren entstehenden Kosten ebenso selbstverständlich zu den Handlungsunkosten gehören. Die Trennung wird man in diesem Falle jedoch nur schätzungsweise vornehmen können.

So werden sich in jedem größeren Fabrikgeschäfte unter den Generalunkosten einzelne Posten finden, deren Aufteilung auf die beiden Hauptgruppen nur schätzungsweise erfolgen kann. Dieser Umstand darf jedoch nicht dazu führen, von einer Trennung der Generalunkosten in Betriebs- und Handlungsunkosten überhaupt Abstand zu nehmen. Neben verschiedenen Unrichtigkeiten, die die nicht getrennte Einsetzung der Generalunkosten bei der Selbstkostenberechnung verursachen kann, erschwert ein derartiges Verfahren, wie ich in den folgenden Kapiteln näher ausführen werde, auch die richtige Inventurbewertung der fertigen oder halbfertigen Lagerbestände.

Aber ganz abgesehen davon liegt es im Interesse eines jeden Fabrikationsgeschäftes, eine möglichst weitgehende methodische Aufteilung der Generalunkosten durchzuführen, da erst diese eine Einwirkung auf dieselben ermöglicht.

Die weitere Zerlegung der Generalunkosten behandeln die folgenden Abschnitte.

Die Eindeckung der Generalunkosten.

Die richtige Deckung der Generalunkosten in einem Fabrikationsgeschäft stellt den schwierigsten Teil der Selbstkostenberechnung dar. Schon die Formen, die in der Maschinenindustrie hierfür Anwendung finden, sind ziemlich zahlreich und suchen auf verschiedenen Wegen dieser Aufgabe mehr oder weniger gerecht zu werden.

So werden vielfach die gesamten Generalunkosten des ganzen Werkes der Summe der produktiven Löhne gegenübergestellt und der sich aus diesem Verhältnis ergebende Prozentsatz unterschiedslos bei der Selbstkostenberechnung auf die produktiven Löhne aufgeschlagen. Dieses Verfahren ist ebenso einfach als unzulänglich. Es gestattet wohl im Laufe des Geschäftsjahres jederzeit einen Überblick darüber, ob die Generalunkosten auch wirkliche Deckung finden, und ermöglicht dadurch leicht regulierende Eingriffe in die Selbstkostenberechnung, es läßt aber ganz außer Betracht, daß nicht alle Fabrikate dieselbe Behandlung erfordern, und daß die verschiedenen Bearbeitungsarten auch in der Regel verschieden hohe Generalunkostenaufwände verursachen. Die Bearbeitung auf großen, teuren Spezialmaschinen wird infolge größeren Kraftverbrauches, Beanspruchung eines größeren

Raumanteiles, verhältnismäßig größerer Abschreibungen usw. mit höheren Unkosten verknüpft sein als die Bearbeitung auf kleinen Maschinen. Diese wiederum wird höhere Unkosten im Gefolge haben wie reine Handarbeit. Läßt man all diese Momente bei der Selbstkostenberechnung außer Betracht, so werden ohne Frage bei diesem Verfahren diejenigen Fabrikate, die vorwiegend auf Handarbeit beruhen, teurer, und diejenigen, die der Bearbeitung auf den großen Maschinen bedürfen, billiger erscheinen, als sie in Wirklichkeit sind. Bleiben diese verschiedenen Fabrikate ungefähr in demselben Verhältnis, das der Berechnung des Generalunkostenzuschlages zugrunde lag, am Umsatz beteiligt, so wird sich die Unrichtigkeit dieses Rechnungsverfahrens nicht ohne weiteres aus dem Geschäftsergebnis ersehen lassen. Oft aber führt dieses System dahin, daß die hauptsächlich auf Handarbeit beruhenden Fabrikate derartig zugunsten der eine Bearbeitung auf großen, teuren Maschinen bedürfenden Fabrikate verteuert werden, daß darüber die Konkurrenzfähigkeit des Werkes in diesen Artikeln leidet. Die Folge davon ist, daß die Aufträge hierfür allmählich ausbleiben. Nun wird sich auch die Unrichtigkeit der Selbstkostenberechnung bald im Geschäftsabschluß bemerkbar machen. Ein erheblicher Teil der bei der Bearbeitung auf den Großmaschinen entstehenden Generalunkosten, der bisher von den hauptsächlich auf Handarbeit beruhenden Artikeln mitgetragen wurde, findet infolge Rückganges dieser Artikel keine Deckung mehr. Es zeigt sich ein Verlust, der bei richtiger Verteilung der Generalunkosten auf die verschiedenen Fabrikate vielleicht hätte vermieden werden können.

Ein zweites sehr ähnliches Verfahren, die Generalunkosten zu decken, beruht darauf, daß ein aus dem prozentualen Verhältnis zwischen Generalunkosten und Materialwert oder Materialgewicht ermittelter Aufschlag bei der Selbstkostenberechnung einheitlich auf den Materialwert oder auf je 100 kg Netto- oder Rohgewicht zur Anwendung gelangt. Dieses Verfahren ist ebenso einfach wie das zuerst geschilderte Verfahren des einheitlichen Lohnaufschlages. Es ist eigentlich nur anwendbar für Betriebe, in denen nicht die Bearbeitung, sondern das Rohmaterial den Hauptanteil des Selbstkostenwertes darstellt. Dieses dürfte auf manche Eisenkonstruktionswerkstätten, auf Gießereien usw. zutreffen. Will man dieses Verfahren aber auch auf reine Fabrikationsgeschäfte anwenden, so zeitigt es noch viel schwerere Fehler als der einheitliche Lohnaufschlag. Nehmen wir nur an, eine Maschinenfabrik mit angegliederter Eisengießerei stelle neben verschiedenen Werkzeugmaschinen auch Richtplatten in allen Dimensionen her. Während die Fabrikation der Werkzeugmaschinen die mannigfaltigsten Arbeitsoperationen und die verschiedensten Arbeitsmaschinen erfordert, werden die gußeisernen Richtplatten nur gehobelt. Infolge ihres verhältnismäßig hohen Materialgewichtes hätten die Richtplatten bei einem einheitlichen Gewichtsaufschlag aber einen derartig hohen Anteil der Generalunkosten zu tragen, daß ein Verkauf zu diesen Preisen ausgeschlossen wäre. Hat man aber einmal den zur Deckung unbedingt erforderlichen Generalunkostenzuschlag pro 100 kg Materialgewicht festgesetzt, so muß dieser Zuschlag, will man nicht einen erheblichen Ausfall durch ungedeckte Generalunkosten erzielen, in der Selbstkostenberechnung auch überall zur Anwendung kommen. Es geht nicht an, wenn z. B. der erforderliche einheitliche Zuschlag mit 40 M. pro 100 kg ermittelt ist, bei der Preisfestsetzung für die Richtplatten einfach zu sagen, hier können wir nicht mehr wie 8 M. pro 100 kg verrechnen, wenn derartige Ausnahmen nicht bei der Berechnung des Zuschlages von vornherein vorgesehen waren. Die fortfallenden 32 M. pro 100 kg würden dann ohne Deckung bleiben und sich bei entsprechendem Umfange dieses Geschäftszweiges in einem mehr oder weniger großen Verlust bemerkbar machen. In solchen Fällen, in denen in dem einen Geschäftszweige die Bearbeitung, in dem anderen das Rohmaterial für die Wertbemessung ausschlaggebend ist, wird man auch die Generalunkosten in beiden Fabrikationszweigen auf verschiedener Basis verrechnen müssen.

Die in dem vorstehenden Beispiel geschilderten Fehler des einheitlichen Aufschlages auf das Materialgewicht würden sich auch bei einem einheitlichen Generalunkostenzuschlag auf den Materialwert zeigen. Betrachten wir z. B. die Anfertigung zweier gleich großer Zahnräder von 20 kg Rohmaterialgewicht, von denen das eine aus Gußeisen, das andere aus Bronze besteht. Der Materialpreis für das erstere ist bei 35 M. pro 100 kg = 7 M., der für das Bronzezahnrad bei 300 M. pro 100 kg = 60 M. Die Generalunkosten sollen 250% des Rohmaterialwertes betragen. Demnach würde das gußeiserne Zahnrad 17,50 M., das Bronzezahnrad 150 M. Generalunkosten tragen müssen, also rund neunmal soviel als das erstere. Die in Wirklichkeit in beiden Fällen erwachsenden Generalunkostenanteile werden aber, wenn überhaupt, nie eine derartig große Differenz zeigen. Daher wird auch dieses Verfahren für ein Fabrikationsgeschäft unmöglich Verwendung finden können.

Neben diesen beiden einfachsten Verfahren sind auch kompliziertere Systeme zur Deckung der Generalunkosten im Gebrauch, die größtenteils alle von dem Gedanken ausgehen, daß in einem Fabrikationsgeschäft die Bearbeitung ausschlaggebend für die Preisbemessung ist und demzufolge fast ausschließlich auf einem Lohnaufschlag beruhen. So verrechnet man vielfach die Generalunkosten in einem nach Bearbeitungsgruppen oder Werkstätten differenzierten Lohnaufschlag, oder noch weitergehend in einem auf Grund der Platzkosten für jede einzelne Maschine oder Maschinengruppe bzw. für jeden Arbeitsplatz ermittelten Lohnaufschlag.

Abweichend von diesen Verfahren, die der Verteilung der Generalunkosten stets die produktiven Löhne zugrunde legen, also den Unkostenzuschlag auf die Mark Lohn berechnen, werden vereinzelt auch die Generalunkosten in ein Verhältnis zur Arbeitszeit gebracht und der Unkostenzuschlag auf die Arbeitsstunde bzw. Maschinenstunde verrechnet. Die Vertreter dieses Verfahrens gehen von der vieles für sich habenden Anschauung aus, daß die Arbeitszeit eine zuverlässigere Grundlage für derartige Berechnungen bilde als die Lohnsumme. Die zur Bearbeitung bzw. zur Herstellung einer Ware erforderliche Zeit sei eine konstante Größe, während der hierfür zu zahlende Lohnbetrag abhängig sei von mancherlei Nebenumständen. Betrachten wir zu diesem Zweck einmal eine im Zeitlohn ausgeführte Arbeit, z. B. das Ausfeilen einer Lehre durch einen Werkzeugmacher. Zwei Leute, von denen A einen Stundenlohn von 1,50 M. und B. einen solchen von 2 M. erhält, bekommen das gleiche Arbeitsstück vor. Die Arbeit erfordert einen Zeitaufwand von 4 Stunden. Es wird also bei A. ein Lohnaufwand von 6 M. und bei B. von 8 M. für die gleiche Arbeitsleistung erforderlich sein. Bei einem Lohnaufschlag von 150% für die Generalunkosten hätte dasselbe Arbeitsstück bei A. einen Unkostenanteil von 9 M. und bei B. von 12 M. zu tragen. Da anzunehmen ist, daß die tatsächlichen Generalunkosten bei der gleichen Arbeitsleistung auch gleich hoch sein werden, würde hier die Deckung der Generalunkosten durch einen Lohnaufschlag bei den gleichen Erzeugnissen zu ganz verschiedenen Resultaten führen. Demnach wäre diese Verrechnungsart zu verwerfen. Sie hätte dem Unkostenaufschlag auf die Arbeitsstunde zu weichen. Dieser sei für Werkzeugmacher auf 2,25 M. pro Arbeitsstunde ermittelt worden, dann würde die Arbeitsleistung von A. und B. gleichmäßig mit je 9 M. Generalunkosten anteilig belastet werden. Ein derartiges Beispiel zugunsten des Zeitaufschlages mag in der Theorie etwas Überzeugendes für sich haben, in der Praxis ist es jedoch anders. Würden die beiden Werkzeugmacher A. und B. gleichwertig in ihrer Arbeit sein, so würde kein Geschäft dem B. einen um 50 Pf. höheren Stundenlohn zahlen als dem A., oder umgekehrt, A. würde nicht zu einem niedrigeren Satz arbeiten als B. Die verschieden hohe Entlohnung setzt auch eine entsprechend abgestufte Arbeitsleistung voraus. Die bessere Arbeitskraft B. wird dann aber auch zu der gleichen Arbeit nicht dieselbe Zeit gebrauchen wie die nicht so vollwertige Arbeitskraft A. Ist die Entlohnung richtig dem Können entsprechend abgestuft, so wird B. dieselbe Arbeit, zu der A. 4 Stunden braucht, in 3 Stunden erledigen können. Der Lohnaufwand würde dann für die gleiche Arbeit bei A. $4 \times 1{,}50$ M. = 6 M. und bei B. 3×2 M. = ebenfalls 6 M. betragen. Bei dem Generalunkostenzuschlag von 150% auf die Lohnsumme wäre in beiden Fällen dann der gleiche Anteil von 9 M.

zu verrechnen. Der Lohn- und Unkostenaufwand zusammen würde sich demnach bei Deckung der Generalunkosten durch einen Lohnaufschlag bei A. und B. gleichmäßig auf je 15 M. stellen, während bei dem Stundenaufschlag die Arbeitskosten sich wie folgt ergeben würden:

Bei A:	4 Stunden Lohn à 1,50 M. . . . . =	6,— M.
	Anteilige Generalunkosten 4 × 2,25 . . . . =	9,— „
	zusammen	15,— M.
Bei B:	3 Stunden Lohn à 2,— M. . . . . =	6,— M.
	Anteilige Generalunkosten 3 × 2,25 . . . . =	6,75 „
	zusammen	12,75 M.

Es würde sich in den beiden Fällen also eine Differenz von 2,25 M. ergeben, obwohl, wie bereits angeführt, die anteiligen Generalunkosten in beiden Fällen die gleichen sein dürften. Ich will hiermit aber nicht den Stundenaufschlag, also die Verrechnung der Generalunkosten auf die Arbeitszeit, als ungeeignet ablehnen, sondern nur zeigen, daß die Arbeitszeit für das gleiche Arbeitsstück ebensowenig eine konstante Größe darstellt wie die Lohnsumme. Mithin kann der Lohnaufschlag mindestens den gleichen Anspruch auf Genauigkeit erheben, wie der Stundenaufschlag. Zu beachten ist auch, daß nicht alle Generalunkosten von der Dauer der Arbeitszeit direkt abhängig sind. Die Kosten für Miete, Gehälter der Betriebsbeamten, Beiträge für die sozialen Versicherungen usw. bestehen in ziemlich gleicher Höhe fort, ob nun z. B. 8 oder 10 Stunden am Tage gearbeitet werden. Mithin wird der Anteil dieser Unkosten für das gleiche Erzeugnis auch gleich hoch sein können oder gleich hoch sein müssen, ohne Rücksicht darauf, ob der Arbeiter A. zu der Herstellung 4 Stunden, der Arbeiter B. jedoch nur 3 Stunden benötigt.

Bei noch größeren Unterschieden der Leistungsfähigkeit zweier Arbeiter, als wie in dem vorstehenden Beispiel angenommen, wird sogar der Lohnaufschlag — immer vorausgesetzt, daß der Stundenlohn der Arbeitsleistung entsprechend abgestuft ist — den Zeitaufschlag an Zuverlässigkeit übertreffen. Man kann auch nicht sagen, daß man sich bei dem Zeitaufschlag mit einem für die verschiedenen Arbeitsoperationen erfahrungsgemäß festgestellten Durchschnittszeitmaß über diese Schwierigkeiten auf bequeme Art hinweghelfen kann. Das erfordert immerhin in der Selbstkostenberechnung Aufzeichnungen, die man bei dem Lohnaufschlag vermeiden kann. Zu berücksichtigen ist auch ferner, daß man bei bereits erfahrungsgemäß ermittelten Durchschnittszeiten für die verschiedenen Arbeitsoperationen doch sicher zur Stücklohnverrechnung schreiten wird. Bei dieser kommen aber die geschilderten Mängel bei dem Lohnaufschlag viel weniger zur Geltung als bei dem Zeitaufschlag. Zudem hat der erstere den Vorteil der einfacheren Handhabung vor dem letzteren voraus, denn während die

Lohnsummen der einzelnen Werkstätten bzw. Arbeitergruppen für die Generalunkostenstatistik ohne weiteres aus den Lohnbüchern ersichtlich sind, bedarf die Verrechnung der Generalunkosten auf die Arbeitsstunde besonderer Aufzeichnungen über die in den einzelnen Abteilungen bzw. für die verschiedenen Arbeitsoperationen aufgewendeten Arbeitsstunden. Man wird daher die Verhältnisse eines Betriebes sorgfältig prüfen müssen, ehe man dem Zeitaufschlag vor dem Lohnaufschlag den Vorzug gibt.

Die Verrechnung der Generalunkosten auf Grund der Platzkosten trägt dem Umstande, daß bei der Bearbeitung eines Stückes auf einer Fräsmaschine infolge Kraftverbrauches, Abschreibung usw. mehr Unkosten entstehen als beim Feilen einer Lehre im Schraubstock, an einer großen Abstechbank für Materialstärken von 200 mm Durchmesser mehr Unkosten als an der Handschere beim Schneiden 4 mm starker Kupferstifte, in weitestem Maße Rechnung. Doch birgt der hiermit verbundene komplizierte und teure Apparat infolge der Schwierigkeiten, die Unkosten für die verschiedenen Maschinen richtig feststellen und die gedeckten und ungedeckten Generalunkosten jederzeit übersehen zu können, auch seine großen Nachteile, und hat dies Verfahren bis jetzt auch noch keine sehr große Verbreitung gefunden.

Dieselbe Genauigkeit, wie bei der Verrechnung der Generalunkosten auf Grund der Platzkosten, läßt sich ebenfalls bei einem weitverbreiteten einfacheren, die Handlungs- und Betriebsunkosten getrennt behandelnden Verfahren erzielen, das außerdem den Vorteil der größeren Übersichtlichkeit für sich hat. Dieses Verfahren, das ich in nachstehendem etwas ausführlicher schildern will, setzt zur Erreichung derselben Genauigkeit allerdings voraus, daß die Betriebseinteilung auf diese Einrichtung Rücksicht nimmt. So wird es z. B. wünschenswert sein, daß nicht nur nach Arbeitsoperationen und Maschinenarten getrennte Werkstätten, wie Abstecherei, Dreherei, Fräserei, Bohrerei, Schlosserei usw., bestehen, sondern noch eine weitergehende Unterteilung nach Maschinengrößen stattfindet. Jede entsprechend große Fabrik wird z. B. die Dreherei in Klein- und Großdreherei, Revolver- und Automatendreherei zerlegen können. Für eine solche Einteilung sprechen in Betrieben der Massenproduktion auch rein fabrikationstechnische Gründe, und findet man diese Gruppierung daher auch in vielen Großbetrieben.

In einem derartigen Werke wird man bei genauer Ermittlung der Betriebsunkosten für jede einzelne Werkstatt und Deckung der Unkosten durch einen Aufschlag auf die produktiven Löhne dasselbe Resultat erreichen, wie bei der Verrechnung auf Grund der Platzkosten. Falls erforderlich, kann man auch hier noch für besondere, nach Größe oder Wert aus dem Rahmen der betreffenden Werkstatt fallende Maschinen einen mehr oder weniger abweichenden Aufschlag festsetzen. Dieses Verfahren halte ich für fast alle reinen Fabrikationsbetriebe für völlig ausreichend. Die Bearbeitung, die in diesen Geschäften den Selbstkostenwert des Fabrikates ausschlaggebend beeinflußt, ist bei diesem Verfahren für die Deckung der Generalunkosten ebenso entscheidend, wie bei der Verrechnung auf Grund der Platzkosten.

Das soll sich jedoch nur auf die Betriebsunkosten beziehen. Die Handlungsunkosten sind am besten durch einen Aufschlag auf den ab Werkstatt ermittelten Herstellungswert des fertigen Fabrikates zu verrechnen. Durch diese getrennte und verschiedene Verrechnung der beiden Hauptgruppen der Generalunkosten gleicht man auch etwaige Härten aus, die sich bei einem reinen Lohnaufschlag in einzelnen Fällen ergeben könnten, und erzielt nebenbei noch einen nicht zu unterschätzenden Vorteil durch die getrennte Ermittlung des Herstellungspreises ab Werkstatt und des mit Vertriebs- und Verwaltungskosten belasteten eigentlichen Selbstkostenpreises. Bei der Inventurbewertung der Halb- und Fertigfabrikate, namentlich bei Aktiengesellschaften, denen durch den § 261 des HGB. für die Bilanzaufstellung die Beschränkung auferlegt ist, derartige Vermögensgegenstände höchstens zum Anschaffungs- oder Herstellungspreis anzusetzen, werden hierdurch zeitraubende Umrechnungen vermieden. Ein jeder, der die Inventurbewertung der umfangreichen Lagerbestände eines großen Fabrikgeschäftes bereits einmal durchgeführt hat, wird diesen Vorteil zu schätzen wissen.

Die gesonderte Verrechnung der Handlungsunkosten auf den Herstellungspreis ab Werkstatt, der sich aus dem Produkt von Materialwert + Lohnaufwand + Betriebsunkostenanteil ergibt, hat ferner den Vorteil, daß in Fabrikgeschäften, in denen neben Erzeugnissen des eigenen Betriebes auch noch von Dritten gekaufte Fabrikate — selbständig oder als Teil der eigenen Erzeugnisse — vertrieben werden, hierdurch erst eine richtige Selbstkostenberechnung ermöglicht wird. Dasselbe gilt für Werke, bei denen eine Montage der verkauften Maschinen und Apparate an Ort und Stelle in Frage kommt.

Dies sei im folgendem etwas ausführlicher erläutert: Werden fremde Erzeugnisse neben eigenen vertrieben, so würden sie bei Deckung der Handlungsunkosten durch einen reinen Lohnaufschlag unbelastet bleiben. Ihr Einkaufspreis ist aber für das weitervertreibende Geschäft nicht gleichbedeutend mit dem Selbstkostenpreis, denn auch der Einkauf und die Lagerung dieser fremden Erzeugnisse sind mit Unkosten verknüpft. Hier könnte die Verrechnung der Handlungsunkosten durch einen auf den Materialwert festzusetzenden Aufschlag Abhilfe schaffen, vorausgesetzt, daß bei der Berechnung dieses Zuschlages auch die von Dritten bezogenen Fertigfabrikate wie das Rohmaterial berücksichtigt werden.

Erfordern die Fabrikationserzeugnisse Montagen an Ort und Stelle, so wird sich das Geschäft auch in der Regel mit Reparaturmontagen und Umänderungsaufträgen befassen müssen. Bei diesen sind nun aber vorwiegend nur Lohnstunden in Rechnung zu stellen. Hier müßte man wiederum die Handlungsunkosten durch einen Lohnaufschlag eindecken, da sonst die Montage- und Reparaturmontageaufträge bei der Selbstkostenberechnung nicht der Wirklichkeit entsprechend bewertet werden könnten, denn auch sie haben einen Anteil der Handlungsunkosten zu tragen. Die gleichmäßige Verrechnung der Handlungsunkosten auf die Löhne würde aber die Montageaufträge zu hoch belasten und praktisch kaum durchführbar sein, während die reinen Warenlieferungen bei diesem Verfahren nicht ihren wirklichen Anteil der Handlungsunkosten zu tragen bekämen.

Nun werden aber viele Werke, die umfangreiche Maschinenanlagen herstellen, in Berücksichtigung des Umstandes, daß einzelne zum Zusammenbau ihrer Anlagen erforderlichen Apparate usw. in Spezialfabriken billiger gekauft als im eigenen Betriebe hergestellt werden können, sich neben ihren eigenen Erzeugnissen auch mit dem Vertrieb fremder Fabrikate — wenn auch nur als Teil ihrer eigenen Erzeugnisse — befassen. Gleichzeitig erfordern aber diese Anlagen auch in vielen Fällen Montagen an Ort und Stelle, was wiederum Reparaturmontagen und Umänderungsaufträge für das Geschäft zur Folge hat. Hier wird weder mit reinen Lohnaufschlägen noch mit reinen Materialaufschlägen das Ziel der richtigen Erfassung der Handlungsunkosten bei der Selbstkostenberechnung erreicht werden können. Ihre Verrechnung in Form eines Aufschlages auf das Produkt von Materialwert + Lohnwert + Betriebsunkostenanteil, also auf den Herstellungspreis ab Werkstatt, trägt diesen Umständen am besten Rechnung. Eine Verrechnung der Handlungsunkosten allein auf den Material- und Lohnwert kann dieses Ziel nicht in demselben Maße erreichen.

Der Einkaufspreis der fremden Fabrikate schließt in gewissem Sinne schon einen Teil der Betriebsunkosten, der bei eigener Fabrikation ohne Frage entstehen würde, in sich ein. Die Betriebsunkosten sollen z. B. im Durchschnitt aller Fabrikationsabteilungen 150% der produktiven Löhne betragen. Wollte man nun die Handlungsunkosten durch einen Zuschlag auf das Produkt von Materialwert + Lohnwert decken, so würden die fremden Erzeugnisse, die zum Material rechnen, bei diesem Verfahren recht ungünstig abschneiden, und die aus dieser Selbstkostenberechnung gezogenen Vergleiche wären Trugschlüsse. Dies sei an einem Beispiel, für welches ich einige Zahlen vorausschicken muß, erläutert. Das Jahresergebnis eines Geschäfts zeigt in den für die Selbstkostenberechnung hauptsächlich in Frage kommenden Werten folgende Zahlen:

Materialverbrauch (einschl. der von Dritten bezogenen Fertigfabrikate, doch ausschl. Betriebsmaterial) .	3 000 000 M.
Produktive Löhne	1 250 000 „
Betriebsunkosten	1 875 000 „
Handlungsunkosten	425 000 „

Die Handlungskosten betragen hiernach 10% des Produktes von Materialwert + Lohnwert.

Nun das Beispiel: Das Geschäft benötigt als Antriebskraft für die zu liefernden Maschinen Elektromotoren, die es zum Preise von 500 M. pro Stück von einer Spezialfabrik kaufen kann. Der Handlungsunkostenanteil beträgt bei der Verrechnung derselben auf das Produkt von Materialwert + Lohnwert nach vorstehenden Angaben 10 % von 500 M. = 50 M., so daß sich der anscheinende Selbstkostenpreis des Motors auf 550 M. stellt. Die Elektromotoren könnten aber auch im eigenen Werke hergestellt werden, und würden sich die Selbstkosten dann pro Stück wie folgt ergeben:

Rohmaterial	140,00 M.
Produktive Löhne	150,00 „
Betriebsunkosten (150% der Löhne)	225,00 „
Handlungsunkosten (10% auf Material und Lohnwert) .	29,00 „
Selbstkosten	544,00 M.

Bei eigener Fabrikation wäre hiernach also der Selbstkostenpreis um 6 M. pro Stück geringer als beim Bezuge von der Spezialfabrik. Die Nachprüfung dieser Rechnung ergibt jedoch ein wesentlich anderes Bild.

Von angeführten Elektromotoren benötigt das Werk im Jahre 500 Stück, die einen Einkaufswert von zusammen 250 000 M. darstellen, zu welcher Summe noch 10% Handlungsunkosten gleich 25 000 M. hinzuzurechnen wären. Würde man zur Eigenproduktion dieser Motoren schreiten — vorausgesetzt, daß die vorhandenen Anlagen dieses ohne kostspielige Neueinrichtungen ermöglichen —, so würden die 500 Elektromotoren in der Selbstkostenberechnung folgendes Bild ergeben:

Rohmaterial	500 · 140 =	70 000 M.
Produktive Löhne	500 · 150 =	75 000 „
Betriebsunkosten	500 · 225 =	112 500 „
Handlungsunkosten	500 · 29 =	14 500 „
	Zusammen	272 000 M.

Die Aufstellung läßt die Eigenproduktion bei 500 Stück um 3000 M. billiger erscheinen, als beim Bezuge von Dritten. Während aber beim fertigen Bezuge der Motoren 25 000 M. Handlungsunkosten berücksichtigt wurden, finden bei der Selbstkostenberechnung der Eigenproduktion dieser 500 Motoren nur 14 500 M., also 10 500 M. weniger Handlungsunkosten Berücksichtigung. Um einen Teil dieses Betrages sind die fremden Erzeugnisse zugunsten der eigenen zu hoch belastet worden. Der Handlungsunkostenanteil an und für sich ist jedoch durch die Eigenproduktion dieser 500 Motoren nicht wesentlich geringer geworden, so daß dem scheinbaren Gewinn von 3000 M. ein Betrag von 10 500 M. nicht berücksichtigter Handlungsunkosten gegenübersteht.

Wenn es sich aber um die Entscheidung darüber handelt, ob es günstiger sei, einen Artikel von Spezialfabriken zu beziehen oder im eigenen Betriebe herzustellen, muß die Kalkulation die unter annähernd gleichen Verhältnissen ermittelten genauen Selbstkosten beider Fälle einander gegenüberstellen können. Dieses wird durch die Verteilung der Handlungsunkosten auf das Produkt Materialwert + Lohnwert + Betriebsunkostenanteil ermöglicht, durch welches Verfahren für beide Fälle ungefähr die gleichen Unterlagen geschaffen werden. Dem Einkaufspreis des fremden Fabrikates, der neben dem Gewinnanteil des Herstellers ebenfalls aus dem Produkt Materialwert + Lohnwert + Generalunkostenanteil besteht, wird der Herstellungspreis des eigenen Erzeugnisses, den dieses beim Verlassen der Werkstatt ergibt, gegenübergestellt. Beide haben dann noch in gleichem Maße die Handlungs- oder Vertriebsunkosten zu tragen.

Der zur Deckung der Handlungsunkosten auf das Produkt Materialwert + Lohnwert + Betriebsunkostenanteil erforderliche Zuschlag ergibt sich in dem geschilderten Beispiel aus dem Verhältnis der Zahlen 425 000 : 6 125 000 = 7%. Die Gegenüberstellung der beiden Selbstkostenpreise ergibt bei diesem Verfahren dann folgendes Resultat:

a) bei Eigenproduktion:

Rohmaterial	140,00 M.
Produktive Löhne	150,00 „
Betriebsunkostenanteil (150% der produktiven Löhne)	225,00 „
Herstellungspreis	515,00 M.
Handlungsunkostenanteil (7%)	36,05 „
Selbstkosten	551,05 M.

b) beim Bezuge von der Spezialfabrik:

Einkaufspreis	500,00 M.
Handlungsunkostenanteil (7%)	35,00 „
Selbstkosten	535,00 M.

Es zeigt sich also bei dieser Gegenüberstellung, daß der Bezug der Elektromotoren von der Spezialfabrik in Wirklichkeit sich günstiger stellt, als die Herstellung im eigenen Betriebe, und zwar um 16,05 M. pro Stück, bei 500 Stück also um 8025 M. Man wird in diesem Falle wohl von der Eigenproduktion der Elektromotoren absehen, falls nicht andere Vorteile mitsprechen, die den durch den höheren Selbstkostenpreis bedingten Verlust wieder ausgleichen.

Zu erwähnen ist noch, daß es für die Selbstkostenberechnung vollständig gleichgültig ist, ob eine zu berechnende Lieferung oder Leistung aus den drei Werten: Material, Lohn und Betriebsunkostenanteil oder nur aus einem oder zweien dieser Werte besteht. Die Handlungsunkosten (in dem angeführten Beispiel 7%) sind stets bei der Selbstkostenberechnung auf den ermittelten Herstellungspreis aufzuschlagen, gleichgültig, ob nur Materiallieferungen, wozu auch die von Dritten bezogenen Fertigfabrikate zu rechnen sind, oder nur Lohnstunden in Frage kommen. Das Ergebnis auf das Gesamtresultat wird stets das gleiche sein.

Die Einteilung des Fabrikbetriebes.

Das meinem Beispiel zugrunde gelegte Werk fabriziert Spezialwerkzeugmaschinen und Werkzeuge. Jeder dieser Fabrikationszweige bildet einen selbständigen Betrieb. Die Betriebsorganisation des Werkes, soweit sie für die Unkostenstatistik in Frage kommt, zeigt das am Schlusse dieses Kapitels gegebene Schema. Eine Erläuterung hierzu dürfte sich erübrigen.

Die Gliederung der beiden Betriebe in ausführende Werkstätten ist folgende:

Mf	Maschinenfabrik	Wf	Werkzeugfabrik.
M 1	Abstecherei und Eisenschneiderei.	W 1	Abstecherei.
M 2	Großdreherei.	W 2	Spiralbohrerdreherei.
M 3	Kleindreherei.	W 3	Spiralbohrerfräserei.
M 4	Revolverdreherei.	W 4	Gewindebohrerdreherei.
M 5	Rundschleiferei.	W 5	Schneideisenbau.
M 6	Fräserei.	W 6	Reibahlendreherei.
M 7	Hobelei.	W 7	Fräserdreherei.
M 8	Bohrerei.	W 8	Fräserei.
M 9	Stanzerei.	W 9	Rundschleiferei.
M 10	Schmiede.	W 10	Loch- und Scharfschleiferei.
M 11	Vorrichtungsbau.	W 11	Härterei.
M 12	Anfertigung eigener Werkzeuge.	W 12	Fertigmacherei.
M 13	Montagewerkstatt.	W 13	Anfertigung eigener Werkzeuge.
M 14	Lackiererei.	W 14	Lehrwerkstatt.
M 15	Betriebsschlosserei.	W 15	Betriebsschlosserei.
M 16	Modelltischlerei.		

Neben diesen ausführenden Werkstätten gehören zu den Betrieben folgende Abteilungen:

Maschinenfabrik.

Lager 4 Schrauben und Fassonteile.
„ 5 Teilfabrikate.
„ 6 Grauguß, Stahlguß und Metalle.
„ 7 Betriebswerkzeuge.

Werkzeugfabrik.

Lager 8 Halbfabrikate.
„ 9 Fertigfabrikate.
„ 10 Betriebswerkzeuge.
Revisionsabteilung.
Packerei.

Gemeinsam für beide Betriebe sind nachstehende Einrichtungen:

Lager 1 Stahl, Stabeisen und Bleche.
„ 2 Öle, Fette, Chemikalien, Putzlappen usw.
„ 3 Transmissionsriemen und Installationsmaterial.
Kraftstation und Heizungsanlage.

Im Schriftverkehr führen die Abteilungen eine aus Buchstaben und Zahlen zusammengesetzte Bezeichnung, aus der die Zugehörigkeit zu einem der beiden Fabrikationszweige sogleich ersichtlich ist. Die Maschinenfabrik führt die abgekürzte Bezeichnung Mf und die Werkzeugfabrik die Bezeichnung Wf. Die Werkstätten beider Fabriken werden — wie in der vorstehenden Aufstellung bereits geschehen — mit M1, M2 und W1, W2 usw. bezeichnet.

Die räumliche Hintereinanderordnung der Werkstätten trägt dem Arbeitsgang, den die Fabrikate durchzumachen haben, nach Möglich

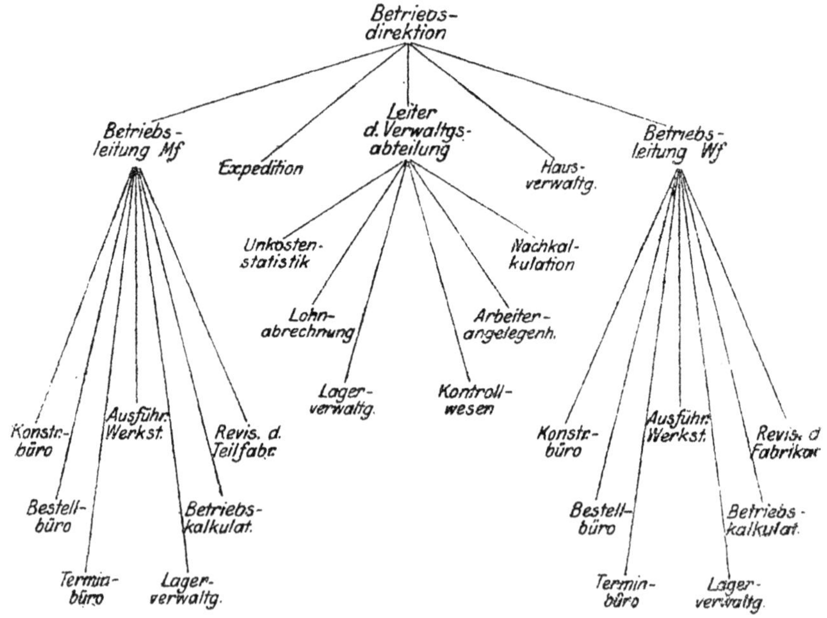

keit Rechnung. Die Läger befinden sich im Zentrum des Werkes bzw. in unmittelbarer Nähe der vorwiegend interessierten Abteilungen, die beiden Abstechereien unmittelbar neben dem Stahl- und Eisenlager. Durch diese Anordnung werden unnötige Transporte vermieden und die Generalunkosten um ein wesentliches eingeschränkt.

Die Betriebsunkosten und ihre Zerlegung.

Je weitgehender die Zerlegung der Betriebsunkosten in einem großen Fabrikationsgeschäft durchgeführt wird, um so leichter ist es, vorhandene Übelstände zu erkennen und, wenn möglich, zu beseitigen. Allerdings muß auch hierbei immer beachtet werden, daß die durch diese Zergliederung bedingten Verbuchungsarbeiten nicht so umfangreich und kompliziert werden, daß die Übersichtlichkeit darunter leidet, und nicht so kostspielig, daß der dadurch verursachte Geldaufwand die geschaffenen Vorteile wieder völlig aufwiegt.

Da in meinem Beispiel die Betriebsunkosten für die verschiedenen Bearbeitungsarten bzw. Werkstätten gesondert ermittelt werden sollen, muß diese Forderung als Hauptrichtlinie für die Zerlegung gelten. Eine zweite bei der Gliederung der Betriebsunkosten zu beachtende Forderung ist die, streng zu unterscheiden zwischen sogenannten konstanten Unkosten, die ohne Rücksicht auf den mehr oder weniger starken Beschäftigungsgrad oder zeitweises Stillstehen des Betriebes in ungefähr gleicher Höhe weiter bestehen und sogenannten variablen Unkosten, die nur bei arbeitendem Betriebe erwachsen, und deren Höhe daher von dem Beschäftigungsgrad der Fabrik direkt abhängt.

Die Zerlegung der Betriebsunkosten nach Werkstätten soll die Feststellung der nach Bearbeitungsarten abgestuften Unkostenzuschläge ermöglichen. Die Teilung in konstante und variable Unkosten soll einen Überblick darüber gestatten, welche Unkosten auf einer Maschine, auf einer Werkstatt oder auf dem ganzen Betriebe pro Stunde oder Tag lasten ohne Rücksicht darauf, ob der Betrieb stillsteht oder arbeitet. Die Kenntnis dieser Zahlen ist in allen den Fällen von größter Wichtigkeit, in denen es sich darum handelt, bei schlechtem Beschäftigungszustand des Betriebes in Ermangelung anderer Aufträge vorübergehend eventuell solche hereinzunehmen, die einen eigentlichen Gewinn nicht abwerfen.

Dieses sei an einem kleinen Beispiel erläutert: Ein Werk mit einem Arbeiterstande von 3000 Mann hat eine normale Arbeitszeit von täglich 10 Stunden. Die konstanten Betriebsunkosten betragen in diesem Werk pro Monat 250 000 M., pro Tag 10 000 M., pro Stunde 1000 M. bei 25 Arbeitstagen im Monat. Infolge Rückganges der Aufträge, deren verstärkter Eingang aber in spätestens 3 Monaten wieder zu erwarten ist, soll die Arbeitszeit des Betriebes auf voraussichtlich 2 Monate um täglich 4 Stunden herabgesetzt werden, um so wenigstens die variablen Unkosten zu einem Teile zu ersparen, ohne den eingespielten Arbeiterstamm zu verlieren. Diese Maßnahme hätte sich schon vor 6 Wochen erforderlich gemacht, jedoch hatte man diese Zeit noch zur Auffüllung der Lagerbestände ausnützen können. Eine weitere Fabrikation auf Lager ist nun aber nicht mehr möglich, folglich die Arbeitszeiteinschränkung nicht zu umgehen. Den durch die tägliche Verkürzung um 4 Stunden in 2 Monaten ausfallenden 2 · 25 · 4 = 200 Betriebs-Arbeitsstunden würden 200 · 1000 = 200 000 M. konstante Betriebsunkosten gegenüberstehen. Um diese Summe würde sich bei Außerachtlassung aller anderen Umstände der Geschäftsgewinn verringern, wollte man nicht Schritte zur anderweitigen Deckung dieses Betriebsunkostenanteils unternehmen.

Während man unter normalen Umständen nur Aufträge hereinnehmen wird, die bei sorgfältiger Selbstkostenberechnung einen Gewinn im einzelnen erwarten lassen, sind in anormalen Fällen, wie dem vorstehend geschilderten, andere Maßstäbe anzulegen. Kann das Werk z. B. die frei werdenden 200 Betriebsarbeitsstunden durch Hereinnahme eines Auftrages ausfüllen, der nicht einmal die vollen Selbstkosten deckt, so wird eingehend zu prüfen sein, ob dies nicht als das kleinere Übel anzusehen und der vorübergehenden Betriebseinschränkung vorzuziehen ist. Die Selbstkosten des fraglichen Auftrages mit 2 200 000 M. stünden einem wirklichen Auftragswert von 2 150 000 M. gegenüber. Es würde sich also bei diesem Geschäft scheinbar ein Verlust von 50 000 M. ergeben. Da aber bei Nichthereinnahme dieses Auftrages und die dadurch bedingte Betriebseinschränkung von 10 auf 6 Stunden tägliche Arbeitszeit für die in Frage kommenden 2 Monate 200 000 M. konstanter Betriebsunkosten ungedeckt bleiben würden, bringt der an und für sich unrentable Auftrag unter diesen Umständen für das Geschäft doch noch einen Gewinn von 150 000 M., da ja neben den variablen Unkosten auch die 200 000 M. konstanter Betriebsunkosten bis auf einen Rest von 50 000 M. durch den Auftrag gedeckt werden.

Derartige Fälle können in jedem Fabrikationsgeschäft eintreten. Die Trennung in konstante und variable Betriebsunkosten muß daher überall durchgeführt werden, da erst diese Trennung die für solche Fälle erforderlichen Schlüsse ermöglicht.

Die Verbuchung der Betriebsunkosten direkt nach Werkstätten muß sich auf diejenigen Unkosten beschränken, die für die einzelnen Abteilungen getrennt entstehen. Außerdem erwachsen aber in jedem Fabrikationsgeschäft Betriebsunkosten, die gemeinsam für alle oder wenigstens für zwei oder mehrere Werkstätten verursacht werden und dementsprechend auch zu verteilen sind. Wir können daher bei den Betriebsunkosten unterscheiden zwischen den für die einzelnen Fabrikationsabteilungen getrennt entstehenden Unkosten, die wir Werkstattunkosten, und den gemeinsam für alle oder mehrere Abteilungen erwachsenden Unkosten, die wir allgemeine Betriebsunkosten nennen wollen. Um nun nicht noch bei beiden Gruppen Unterteilungen in konstante und variable Unkosten vornehmen zu brauchen, empfiehlt es sich, in die erste Gruppe überhaupt nur variable Unkosten aufzunehmen. Alle konstanten Unkosten wären dann der zweiten Gruppe zuzuzählen und nur diese zu unterteilen.

Die Zerlegung der Betriebsunkosten würde also folgende Hauptgruppen ergeben:

I. Werkstattunkosten.

II. Allgemeine Betriebsunkosten
   a) solche konstanter Natur,
   b) solche variabler Natur.

Die nähere Besprechung dieser Gruppen geben die folgenden beiden Kapitel.

Die Werkstattunkosten.

Die Werkstattunkosten werden sich in Maschinenfabriken wohl im wesentlichen aus den gleichen Unkostenarten bzw. Unkostenkonten zusammensetzen. Um die im Betriebe zu jeder Zeit und an allen Ecken und Enden entstehenden Unkosten von vornherein auf die einzelnen Konten sammeln zu können, müssen denselben feststehende Bezeichnungen gegeben werden. Hierfür eignen sich am besten Nummern. Eine Verknüpfung von Buchstaben und Zahlen zur Unterscheidung von den Kommissionsnummern der Fabrikationsaufträge soll man nach Möglichkeit vermeiden. Es ist vorteilhafter, für die verschiedenen Auftragsarten von vornherein ausreichende Zahlenserien vorzusehen, die eine Irreleitung verhindern. Die Erfahrung lehrt, daß die vielfach als Index vor den Zahlen verwendeten Buchstaben in den Werkstätten trotz aller Mahnungen auf Material- und Lohnzetteln gar zu oft vergessen werden und dadurch zu Verwechslungen und unrichtigen Buchungen Veranlassung geben. Ich habe gefunden, daß sich selbst vielstellige Zahlen ohne Index in den Werkstätten weit besser bewähren, als die kleinsten Zahlen mit Index.

Da für den eigenen Betrieb auch Aufträge ausgeführt werden, die nicht Betriebsunkosten, sondern Vermehrungen der Anlagekonten darstellen, empfiehlt es sich, zur besseren Kenntlichmachung für diese Aufträge gerade und für die Betriebsunkostenaufträge ungerade Zahlen zu wählen. Eine weitergehende, ebenfalls der leichteren Übersicht dienende Forderung ist die, die Zahlenbezeichnungen für die Werkstattunkostenkonten so zu wählen, daß man aus jeder Zahl sofort ersehen kann, um welche Unkostenart und welche Abteilung es sich handelt. Voraussetzung hierfür wird allerdings stets die Kenntnis der Werkstattnummern und der Bezeichnungen der Sammelkonten sein. Im nachstehenden gebe ich eine Aufstellung der Werkstattunkostenkonten nebst der Nummernbezeichnungen für das in Kapitel 5 angeführte Werk:

Kontennummern für Mf.	Kontennummern für Wf.	Bezeichnung der Werkstattunkosten
101	201	Instandhaltung der Werkzeugmaschinen
103	203	„ der Werkzeuge und Hilfswerkzeuge
105	205	„ der Utensilien
107	207	„ der Krane und sonstigen Hebezeuge
109	209	„ der Antriebsmotoren
111	211	„ der elektrischen Leitungen und Lichtanlagen
113	213	„ der Transmissionen
115	215	Transport- und Hilfsarbeiten
117	217	Werkstattreinigung
119	219	Einrichten der Werkzeugmaschinen
121	221	Kontrolleure und Vorarbeiter im Stundenlohn
123	223	Schreibarbeiten in den Werkstätten
125	225	Verbrauch von Betriebsmaterialien im engeren Sinne

Nicht alle dieser Konten werden für jede Werkstatt in Frage kommen, einzelne Konten wird man bei kleinem Umfange auch zusammenlegen können, für den Gesamtbetrieb halte ich jedoch eine derartig weitgehende Unterteilung im Interesse des besseren Einblicks im allgemeinen für erforderlich. Eine noch mehr unterteilende Konteneinrichtung dürfte sich wohl nur in Ausnahmefällen als nötig erweisen. Es ist hierbei auch zu beachten, daß eine sehr weitgehende Zergliederung nicht zu unterschätzende Mehrarbeiten bei der Verbuchung und demzufolge auch mehr Kosten verursacht.

Das Unkostenkonto Nr. 125 bzw. Nr. 225 „Verbrauch von Betriebsmaterialien im engeren Sinne“ halte ich für unbedingt erforderlich, um den in vielen Betrieben sehr umfangreichen Verbrauch von Schmierölen, Bohrölen, Schmirgelpapier, Putzlappen, Seife usw. besser kontrollieren zu können. Zu diesem Zweck erhält das Unkostenkonto so viel Vorspalten, als Materialarten oder Materialgruppen auf dieser Unkostennummer erfaßt werden sollen.

Die Gehälter der festbesoldeten Werkstattangestellten scheide ich bei den Werkstattunkosten aus, da sie Unkosten konstanter Natur sind. Diese erscheinen bei den allgemeinen Betriebsunkosten.

Die in der vorstehenden Aufstellung angegebenen Konten- oder Auftragsnummern gelten für den Gesamtbetrieb und dienen nur als Sammelnummern. Die Kontenbezeichnungen für die einzelnen Werkstätten werden dadurch gebildet, daß diesen Sammelnummern die Nummer der Werkstatt ohne Zwischenraum vorangesetzt wird. Für die Maschinenfabrik ist dieses in nachstehender Tabelle durchgeführt, wobei die drei letzten Stellen jeder Werkstattunkostennummer das Sammelkonto des Betriebes, die davorstehenden ein oder zwei Stellen die Werkstatt erkennen lassen.

Für diejenigen Aufträge, die eine Vermehrung der Anlageobjekte darstellen, gelten die entsprechenden geraden Zahlen, so Nr. 102 für die Anfertigung neuer Maschinen, Nr. 104 für die Anfertigung neuer Werkzeuge usw. für den Betrieb Mf. Die Bezeichnungen für die Werkstattkonten dieser Aufträge werden ebenfalls durch Verbindung der Werkstattnummer mit der Bezeichnung des betreffenden Sammelkontos gebildet. So führt die Werkstatt M 6 für die Anfertigung neuer Maschinen die Kontonummer 6102, für die Anfertigung neuer Werkzeuge die Kontonummer 6104 usw.

Das in der Tabelle der Werkstattunkostennummern angewandte System, bei dem aus jeder Zahl die Werkstatt und die Unkostenart sogleich ersichtlich sind, läßt sich mit dem gleichen Erfolge auch auf Werke mit mehr als zwei getrennten Betrieben ohne weiteres anwenden. So würde die Werkstatt Nr. 3 des Betriebes Nr. 6 für die Instandhaltung der Werkzeugmaschinen die Unkostennummer 3601 erhalten, die Transport- und Hilfsarbeiten der Werkstatt 11 des Betriebes Nr. 5 würden unter der Unkostennummer 11 515 verbucht werden usw. Jede Unkostennummer zeigt also auch auf den ersten Blick, um welchen Betrieb es sich handelt.

Die einmal festgesetzten Unkostennummern sollen nicht ohne zwingenden Grund gewechselt werden, sondern müssen moglichst dauernd gelten. Dadurch prägen sie sich den Werkstattorganen fest ein und beugen der Anwendung falscher Nummern auf den Materialentnahmescheinen und Lohn- und Akkordzetteln nach Möglichkeit vor. Tafeln mit diesen Unkostennummern, wie auch mit den Nummern für Neuanfertigungen, müssen in jeder Werkstatt und in jedem Materialienlager aushängen.

Die monatliche Ausgabe neuer Unkostennummern, wie sie in manchen Betrieben üblich ist und durch die die monatliche Erfassung der Unkosten erleichtert werden soll, halte ich nicht für empfehlenswert.

Alle über einen bestimmten Rahmen hinausgehenden Unkostenaufträge oder alle die, von denen man die genauen Kosten in jedem Einzelfall wissen will, werden nicht auf den feststehenden Auftragsnummern ausgeführt, sondern erhalten von der Betriebsbuchhaltung

Feststehende Werkstatt-

Werkstatt-Nr.	Benennung der						
	Instandhaltung der						
	Werkzeugmaschinen	Werkzeuge und Hilfswerkzeuge	Utensilien	Krane und sonstigen Hebezeuge	Antriebsmotoren	elektrischen Leitungen und Lichtanlagen	Transmissionen
M 1	1 101	1 103	1 105	1 107	1 109	1 111	1 113
M 2	2 101	2 103	2 105	2 107	2 109	2 111	2 113
M 3	3 101	3 103	3 105	3 107	3 109	3 111	3 113
M 4	4 101	4 103	4 105	4 107	4 109	4 111	4 113
M 5	5 101	5 103	5 105	5 107	5 109	5 111	5 113
M 6	6 101	6 103	6 105	6 107	6 109	6 111	6 113
M 7	7 101	7 103	7 105	7 109	7 109	7 111	7 113
M 8	8 101	8 103	8 105	8 107	8 109	8 111	8 113
M 9	9 101	9 103	9 105	9 107	9 109	9 111	9 113
M 10	10 101	10 103	10 105	10 107	10 109	10 111	10 113
M 11	11 101	11 103	11 105	11 107	11 109	11 111	11 113
M 12	12 101	12 103	12 105	12 107	12 109	12 111	12 113
M 13	13 101	13 103	13 105	13 107	13 109	13 111	13 113
M 14	14 101	14 103	14 105	14 107	14 109	14 111	14 113
M 15	15 101	15 103	15 105	15 107	15 109	15 111	15 113
M 16	16 101	16 103	16 105	16 107	16 109	16 111	16 113

für jeden Einzelfall eine laufende Fabrikkommissionsnummer. Die Ausstellung dieser besonderen Kommissionsnummer ist davon abhängig zu machen, daß der Auftrag von der zuständigen Betriebsleitung vorher genehmigt ist. Welche Grenze man dafür wählen will, ob ein Auftrag auf feststehender oder besonderer Kommissionsnummer auszuführen ist, bleibt letzten Endes Ansichtssache. Für Reparaturen von Werkzeugmaschinen oder anderen Mobilien, bei denen der voraussichtliche Lohnaufwand den Betrag von 20 M. übersteigt, halte ich besondere Auftragsnummern für wünschenswert, um die Kosten für solche Instandsetzungen im einzelnen nachweisen zu können. Die Höhe eines Unkostenauftrages wird sich nicht immer im voraus genau feststellen lassen, jedoch ist anzustreben, eine bestimmte Grenze innezuhalten. Durch den Umstand, daß jede größere Reparatur, deren Kosten diese festgelegte Grenze überschreitet, zuvor von der Betriebsleitung genehmigt werden muß, werden die Werkstätten auch zu größerer Schonung der ihnen anvertrauten Anlageobjekte angehalten, und zweitens wird durch die besonderen Kommissionsnummern für größere Aufträge die Gefahr vermindert, daß die feststehenden Auftragsnummern zu Verschiebungen von Löhnen mißbraucht werden. Die Nachkalkulation wird hierauf ihr besonderes Augenmerk richten müssen.

Unkostennummern.

Unkostenkonten						Werkstatt-Nr.
Transport- und Hilfsarbeiten	Werkstatt-reinigung	Einrichten der Werkzeug-maschinen	Kon-trolleure und Vorarbeiter	Schreib-arbeiten in den Werkstätten	Verbrauch von Betriebs-materialien im engeren Sinne	
1 115	1 117	1 119	1 121	1 123	1 125	M 1
2 115	2 117	2 119	2 121	2 123	2 125	M 2
3 115	3 117	3 119	3 121	3 123	3 125	M 3
4 115	4 117	4 119	4 121	4 123	4 125	M 4
5 115	5 117	5 119	5 121	5 123	5 123	M 5
6 115	6 117	6 119	6 121	6 123	6 125	M 6
7 115	7 117	7 119	7 121	7 123	7 125	M 7
8 115	8 117	8 119	8 121	8 123	8 125	M 8
9 115	9 117	9 119	9 121	9 123	9 125	M 9
10 115	10 117	10 119	10 121	10 123	10 125	M 10
11 115	11 117	11 119	11 121	11 123	11 125	M 11
12 115	12 117	12 119	12 121	12 123	12 125	M 12
13 115	13 117	13 119	13 121	13 123	13 125	M 13
14 115	14 117	14 119	14 121	14 123	14 125	M 14
15 115	15 117	15 119	15 121	15 123	15 125	M 15
16 115	16 117	16 119	16 121	16 123	16 125	M 16

Neben die laufenden Kommissionsnummern der besonderen Unkostenaufträge wird von der diese Kommissionsnummern ausgebenden Stelle für Buchungszwecke die Nummer des betreffenden Unkostenkontos gesetzt. Erhält z. B. die für erforderlich befundene gründliche Reparatur einer Drehbank in der Werkstatt M 3 die Auftragsnummer 25 344, so wird dieser Zahl die aus der Tabelle ersichtliche Nummer des betreffenden Unkostenkontos hinzugesetzt, in diesem Falle also: 25 344/3101. Diese Kenntlichmachung gilt nur für die Unkostenstatistik und Nachkalkulation, für die Werkstatt erhält der Auftrag der Einfachheit halber und um Verwechslungen der Nummern zu vermeiden, nur die laufende Kommissionsnummer, in dem angeführten Falle also Kommissionsnummer 25 344.

Nach Beendigung des Auftrages bzw. bei den monatlichen Abschlüssen der Unkostenkonten wird der erwachsene Unkostenbetrag, getrennt nach Material und Lohn, dem Konto Nr. 3101 hinzugesetzt.

Sinngemäß ist bei denjenigen Aufträgen zu verfahren, die eine Vermehrung der Anlageobjekte darstellen. Diese Aufträge wird man überhaupt immer unter besonderer Kommissionsnummer ausführen lassen, um die Selbstkosten für jeden Einzelfall einwandfrei feststellen

(Fortsetzung S. 36.)

Instandhaltung der Werkzeug-

Löhne. Monat

Lohnwoche	Arbeiter-Kontroll-Nr.	Un-kosten Nr.	Bezeichnung der Arbeit	M 1 1101 ℳ	M 2 2101 ℳ	M 3 3101 ℳ	M 4 4101 ℳ	M 5 5101 ℳ

Formular Nr. 1. Lohnheft zur

Instandhaltung der Werkzeug-

Material. Monat

Tag	Material-entnahme-schein-Nr.	Un-kosten-Nr.	Bezeichnung des Materials	Menge	Preis per Einheit ℳ	M 1 1101 ℳ	M 2 2101 ℳ	M 3 3101 ℳ	M 4 4101 ℳ	M 5 5101 ℳ

Formular Nr. 2. Materialheft zur

Werkstattunkosten der

Löhne. Monat

Lohnwoche	Arbeiter-Kontroll-Nr.	Un-kosten Nr.	Bezeichnung der Arbeit	4101 ℳ	4103 ℳ	4105 ℳ	4107 ℳ

Formular Nr. 3. Lohnheft zur

maschinen des Betriebes Mf.

Mai 1917 Löhne.

M 6 6101 ℳ	M 7 7101 ℳ	M 8 8101 ℳ	M 9 9101 ℳ	M 10 10101 ℳ	M 11 11101 ℳ	M 12 12101 ℳ	M 13 13101 ℳ	M 14 14101 ℳ	M 15 15101 ℳ	M 16 16101 ℳ	Summa- spalte ℳ

Verbuchung der Werkstattunkosten.

maschinen des Betriebes Mf.

Mai 1917 Material.

M 6 6101 ℳ	M 7 7101 ℳ	M 8 8101 ℳ	M 9 9101 ℳ	M 10 10101 ℳ	M 11 11101 ℳ	M 12 12101 ℳ	M 13 13101 ℳ	M 14 14101 ℳ	M 15 15101 ℳ	M 16 16101 ℳ	Summa- spalte ℳ

Verbuchung der Werkstattunkosten.

Revolverdreherei M. 4.

Mai 1917 Löhne.

4109 ℳ	4111 ℳ	4113 ℳ	4115 ℳ	4117 ℳ	4119 ℳ	4121 ℳ	4123 ℳ	4125 ℳ	Zusammen ℳ

Verbuchung der Werkstattunkosten.

Werkstattunkosten der

Material. Monat

Tag	Material-entnahme-schein-Nr.	Un-kosten-Nr.	Bezeichnung des Materials	Menge	Preis per Einheit ℳ	4101 ℳ	4103 ℳ	4105 ℳ	4107 ℳ

Formular Nr. 4. Materialheft zur

Sammelkonto Nr. 101. Instandhaltung der

Geschäftsjahr

Monat	Werk-							
	M 1 ℳ	M 2 ℳ	M 3 ℳ	M 4 ℳ	M 5 ℳ	M 6 ℳ	M 7 ℳ	M 8 ℳ
Oktober								
November								
Dezember								
Januar								
Februar								
März								
I. Halbjahr								
April								
Mai								
Juni								
Juli								
August								
September								
II. Halbjahr								
Geschäftsjahr 1916/17								

Formular Nr. 5.

Revolverdreherei M. 4.
Mai 1917

Material.

4109	4111	4113	4115	4117	4119	4121	4123	4125	Zusammen
ℳ	ℳ	ℳ	ℳ	ℳ	ℳ	ℳ	ℳ	ℳ	ℳ

Werbuchung der Werkstattunkosten.

Werkzeugmaschinen des Betriebes Mf.
m916/17.

tätten								Gesamtbetrieb Mf.
M 9	M 10	M 11	M 12	M 13	M 14	M 15	M 16	
ℳ	ℳ	ℳ	ℳ	ℳ	ℳ	ℳ	ℳ	ℳ

etriebsunkostenbuch.

Betriebsunkostenkonto

Geschäftsjahr

Bezeichnung der Unkosten	Oktober ℳ	November ℳ	Dezember ℳ	Januar ℳ
A. Werkstattunkosten:				
Instandhaltung der Werkzeugmaschinen				
„ der Werkzeuge und Hilfswerkzeuge				
„ der Utensilien				
„ der Krane und sonstigen Hebezeuge				
„ der Antriebsmotoren				
„ der elektrischen Leitungen und Lichtanlagen				
„ der Transmissionen				
Transport- und Hilfsarbeiten				
Werkstattreinigung				
Einrichten der Werkzeugmaschinen				
Kontrolleure und Vorarbeiter				
Schreibarbeiten				
Verbrauch von Betriebsmaterialien im engeren Sinne				
Zusammen:				
B. Allgemeine Betriebsunkosten:				
a) konstanter Natur				
b) variabler Natur				
Gruppe A und B zusammen:				
C. Löhne.				
a) Gesamtlöhne				
b) Unproduktive Löhne				
c) Produktive Löhne				
D. Prozentuales Verhältnis der Unkosten zu den produktiven Löhnen.				
a) der Werkstattunkosten				
b) der gesamten Unkosten				

Formular Nr. 6

der Werkstatt M. 3.

1916/17.

Februar	März	I. Halbjahr	April	Mai	Juni	Juli	August	September	II. Halbjahr	Geschäftsjahr 1916/17
ℳ	ℳ	ℳ	ℳ	ℳ	ℳ	ℳ	ℳ	ℳ	ℳ	ℳ

Betriebsunkostenbuch.

zu können. Die feststehenden Nummern gelten für diese Aufträge nur als Sammelnummern.

Die Verbuchung der im Betriebe durch Verbrauch von Betriebsmaterialien und durch Aufwand unproduktiver Löhne entstehenden Werkstattunkosten, getrennt nach Material und Lohn, kann in losen Heften nach Formular 1 und 2 oder nach Formular 3 und 4 erfolgen. Die erstere Form wird nur empfehlenswert sein für Betriebe, die aus einer beschränkten Anzahl von Werkstätten bestehen. Bei einem großen Betriebe mit Dutzenden von Werkstätten, für deren jede eine Spalte vorzusehen ist, würde diese Form eine unhandliche Breite des Buches erfordern und das Auswerfen in die richtigen Spalten erschweren. Man wird hier also die zweite Art (Formular 3 und 4) bevorzugen. Auch für stark anwachsende Werke, deren Betriebseinteilung infolge der damit verbundenen Umgruppierungen nie richtig zum Abschluß kommt, ist die zweite Form der ersten vorzuziehen. Bei den Formularen 1 und 2 wird also die Zahl der Hefte abhängig sein von der Zahl der Unkostenkonten, bei den Formularen 3 und 4 von der Zahl der Werkstätten.

Die vielfach noch übliche Form eines den ganzen Betrieb umfassenden Sammelbuches kann praktisch nur für ganz kleine Geschäfte in Frage kommen, da dieses in jedem größeren Werk infolge seines Umfanges zu unhandlich und schwer übersichtlich wird und auch oft das Papier nicht richtig ausgenutzt werden kann. Dieser letztere Umstand läßt auch getrennte Hefte für Material und Lohn für jedes Unkostenkonto bzw. jede Werkstatt wünschenswert erscheinen, da z. B. die Verbuchungen bei dem einen Konto auf je 10 Lohnseiten nur eine Materialseite, bei dem anderen umgekehrt auf je 10 Materialseiten nur eine Lohnseite erfordern können.

Der Zusammenhang der einzelnen Hefte wird dadurch gewahrt, daß die Abschlußzahlen der einzelnen Monate im Betriebsunkostenbuch zusammengestellt werden, und zwar einmal auf den Sammelkonten getrennt nach Werkstätten, dann aber auch auf den einzelnen Werkstattkonten und dem Übersichtskonto des Gesamtbetriebes. Das Weitere ist aus den angeführten Formularen Nr. 5 und Nr. 6 ersichtlich. Von Formular Nr. 5 ist für jedes der Unkostenkonten Nr. 101, 103, 105, 107 usw. und von Formular Nr. 6 für jede der 16 Werkstätten der Maschinenfabrik wie auch für den Gesamtbetrieb je ein Blatt im Betriebsunkostenbuch vorgesehen.

Das Formular Nr. 6 zeigt bereits die Gegenüberstellung der Betriebsunkosten zu den produktiven Löhnen. In einem späteren Kapitel, das die Kontrolle der Betriebsunkostenzuschläge behandelt, komme ich auf dieses Formular noch näher zurück.

Die allgemeinen Betriebsunkosten.

a) Unkosten konstanter Natur.

Zu den konstanten Betriebsunkosten einer Maschinenfabrik dürften rechnen:

die Mietekosten der Fabrikräume bzw. Hypothekenzinsen bei eigenen Fabrikgebäuden,
Versicherungskosten gegen Feuer und sonstige Schäden,
Beiträge zu Industrieverbänden,
Gehälter der Betriebsbeamten,
Versicherungsbeiträge für die Betriebsbeamten und in bestimmtem Umfange auch für die verschiedenen Arbeiterversicherungen,
Abschreibungen auf Maschinen, Werkzeuge usw.

Wenn nun auch die vorstehend aufgeführten Betriebsunkostenbestandteile nicht alle in dem Sinne konstant sind, daß der mehr oder weniger starke Beschäftigungsgrad auf ihre Höhe ganz ohne Einfluß bliebe, so ist die Beibehaltung der Bezeichnung „konstante Betriebsunkosten" für meine Darstellungen doch erwünscht. Ein Nachlassen des Geschäftsganges wird zwar auch bei einzelnen der aufgeführten Unkostenpositionen ein Sinken und bei stärkerem Geschäftsgang ein Anschwellen verursachen, aber nie in einem dem wechselnden Beschäftigungsgrade entsprechenden Umfange und selten in unmittelbarem Zusammenhange mit diesem.

Soweit die Höhe der konstanten Unkosten für das laufende Jahr noch nicht für alle Positionen feststeht, können bei nicht erheblichen Schwankungen des Geschäftsumfanges ohne weiteres die für das verflossene Geschäftsjahr ermittelten Beträge in die zur Feststellung des Betriebsunkostenzuschlages vorzunehmende Berechnung eingestellt werden.

Um aus der Trennung der allgemeinen Betriebsunkosten in solche konstanter und variabler Natur die Möglichkeit zu brauchbaren Schlüssen oder Vergleichen zu bekommen, ist es erforderlich, die konstanten Betriebsunkosten, obwohl sie in dem Kalkulationszuschlag auf die Mark Lohn verrechnet werden, nebenher auch noch in ein Verhältnis zur Arbeitszeit zu bringen. Je weiter diese rein informatorischen Zwekken dienende Verrechnung der konstanten Unkosten durchgeführt wird, um so mannigfaltiger sind natürlich auch die Schlüsse, die man dann aus diesen Zahlen ziehen kann. Man wird daher nicht nur feststellen, wieviel konstante Unkosten — in Mark ausgedrückt — pro Arbeitsstunde, Arbeitstag usw. auf dem Gesamtbetriebe und den verschiedenen Werkstätten lasten, sondern man wird weitergehend ermitteln, wie groß die Unkostenbelastung für die einzelnen Maschinen und Arbeitsplätze oder für sonst näher zu bestimmende Teile des Betriebes ist. Eine derartige Feststellung, der man die normale Arbeitszeit zugrunde legen wird, erfordert keinerlei besondere Aufzeichnungen oder umständliche Rechnungsarbeiten.

Vielleicht ist es angebracht, das vorstehend Gesagte in einem Beispiel für den im Kapitel „Die Einteilung des Fabrikbetriebes" näher umrissenen Betrieb Mf weiterzuverfolgen. Die konstanten Betriebsunkosten dieses Betriebes erreichen im Monatsdurchschnitt 90 000,— M. Die normale Arbeitszeit beträgt 9 Stunden pro Tag. Bei 25 Arbeitstagen im Monat ergibt sich hieraus eine Belastung des Gesamtbetriebes Mf mit 3600 M. pro Arbeitstag bzw. mit 400 M. pro Arbeitsstunde. In dieser Höhe belasten die konstanten Betriebsunkosten den Betrieb ohne Rücksicht darauf, ob gearbeitet wird oder nicht. Wird durch Betriebsstörungen oder infolge sonstiger Gründe die vorübergehende Einschränkung der Arbeitszeit erforderlich, so wird man bei Kenntnis der vorstehenden Zahlen auch sogleich ersehen können, welche Beträge konstanter Unkosten dadurch in der Selbstkostenberechnung ungedeckt bleiben und eventuell einen Gewinnausfall in entsprechender Höhe verursachen würden, wollte man nicht durch spätere Mehrarbeit oder auf anderem Wege diese Verluste wieder ausgleichen.

Der Betrieb Mf beschäftigt 1800 produktive Arbeiter. Da die Betriebsarbeitsstunde mit 400 M. konstanter Betriebsunkosten belastet ist, hat folglich jede Arbeiterstunde hiervon im Durchschnitt 22 Pf. zu tragen, was einer Belastung von 2 M. pro Kopf und Tag entspricht. Würden für alle Werkstätten die gleichen Voraussetzungen zutreffen, so könnte man durch Multiplikation dieser Ziffer mit den Arbeiterzahlen der einzelnen Werkstätten deren Anteile ohne weiteres ermitteln. Nun sind aber die Werkstattanteile der konstanten Unkosten in wesentlichem Maße — in erster Linie die Abschreibungen — abhängig von der Eigenart der Werkstatt, also z. B. von dem Vorhandensein eines mehr oder weniger großen Maschinenparkes usw. Das Nähere hierüber ist in dem Kapitel „Die Berechnung der Betriebsunkostenzuschläge" gesagt. Die dort für die einzelnen Werkstätten ermittelten Anteile der konstanten Betriebsunkosten ergeben, durch die in Frage kommende Stundenzahl dividiert, die Belastung pro Stunde für die einzelnen Werkstätten. Hieraus lassen sich dann durch weitere Divisionen leicht die Anteile für die einzelnen Arbeitsplätze bzw. Maschinen ermitteln. Diese sind in den einzelnen Werkstätten verschieden hoch. So ergeben die in dem Kapitel „Die Berechnung der Betriebsunkostenzuschläge" ermittelten Anteile der konstanten Unkosten für die Großdreherei, die 135 Maschinen im Betrieb hat, eine Belastung von 474 M. pro Arbeitstag, 52,65 M. pro Arbeitsstunde und 0,39 M. pro Maschinenstunde, während die Revolverdreherei mit 112 Maschinen nur 202,60 M. pro Arbeitstag, 22,50 M. pro Arbeitsstunde und 0,20 M. pro Maschinenstunde zu tragen hätte. Die Großdreherei trägt also gegenüber der Revolverdreherei eine Mehrbelastung von 19 Pf. pro Maschinenstunde. Für einzelne ihrer Größe und ihrem Werte nach besonders hervortretende Maschinen der Großdreherei wird es sogar erforderlich, einen über den Durchschnitt liegenden Satz festzulegen.

Die vorstehend ermittelten bzw. angedeuteten Zahlen können erforderlichenfalls stets Aufschluß über die Höhe der ungedeckt bleibenden und eventuell einen Gewinnausfall bringenden konstanten Betriebsunkosten geben, sobald eine Werkstatt oder ein Teil derselben, wie einzelne Maschinen oder Maschinengruppen, stillstehen. Die Kenntnis und dauernde Vergegenwärtigung solcher Zahlen wird mit dazu beitragen, die Produktionsmittel so intensiv wie nur möglich auszunützen.

b) Unkosten variabler Natur.

Zu den allgemeinen Betriebsunkosten variabler Natur gehören die Unterhaltungskosten der nicht produktiven Betriebsabteilungen, wie Materialienlager, Packerei usw., der Verbrauch an elektrischem Strom, Gas und Wasser, die Instandhaltung der gemeinsamen Betriebseinrichtungen und anderes mehr. Eine möglichst weitgehende Aufteilung ist hier ebenso wie bei den Werkstattunkosten erwünscht. Je weiter die Aufteilung durchgeführt ist, um so leichter wird es der Betriebsleitung sein, auf die Minderung dieser Unkosten hinzuwirken. Jedoch wird gerade die Aufteilung dieser Unkostengruppe sehr von der Eigenart des jeweiligen Betriebes abhängen, so daß es überflüssig erscheint, ein festes Schema hierfür zu geben. Die nachstehende, für den Betrieb Mf gedachte Aufstellung der allgemeinen Betriebsunkosten variabler Natur wird daher höchstens als Anhalt dienen können:

Konto	1001.	Unterhaltung	des Betriebsbureaus.
„	1003.	„	des Konstruktionsbureaus.
„	1005.	„	des Bestellbureaus.
„	1007.	„	des Terminbureaus.
„	1009.	„	der Lagerverwaltung.
„	1011.	„	der Betriebskalkulation.
	1013.	„	der Revision.
„	1015.	„	des Schraubenlagers.
„	1017.	„	des Teilfabrikatelagers.
„	1019.	„	des Gußlagers.
„	1021.	„	des Betriebswerkzeuglagers.
„	1023.	„	der Arbeitergarderoben.
„	1025.	Instandhaltung der Modelle.	
„	1027.	Versuchsarbeiten.	

Zu den vorstehend aufgeführten Unkosten hat die Maschinenfabrik noch einen nach dem Verhältnis des Geschäftsumfanges zu berechnenden

Allgemeine Betriebsunkosten

Geschäftsjahr

Unkosten-Nr.	Oktober ℳ	November ℳ	Dezember ℳ	Januar ℳ	Februar ℳ	März ℳ	I. Halbjahr ℳ
1001							
1003							
1005							
1025							
1027							

Formular Nr. 7.

Anteil der für die Betriebe Mf und Wf gemeinsam entstehenden Unkosten zu tragen. Diese wären für das gedachte Werk:

Konto 1. Unterhaltung der Betriebsdirektion.
„ 3. „ der Expedition.
„ 5. „ der Hausverwaltung.
„ 7. „ der Verwaltungsabteilungen.
„ 9. „ des Stahllagers.
„ 11. „ des Betriebsmaterialienlagers.
„ 13. „ des Riemenlagers.
„ 15. „ der Kraftstation und Heizungsanlage.
„ 17. „ der Personen- und Lastenaufzüge.
„ 19. „ der Arbeiterkantine.
„ 21. „ der Massenspeiseanstalt.
„ 23. Instandhaltung der Fabrikgebäude und Höfe.
„ 25. „ der Rohrleitungen.
„ 27. „ der gemeinsamen Licht- und Kraftleitungen.
„ 29. Unterhaltung der Wagen und Gespanne.
„ 31. „ der Kraftwagen.
„ 33. „ der Unfallstation.
„ 35. Bewachung der Fabrik.

Diese Aufstellung umfaßt nur die von der Betriebsbuchhaltung gesammelten Unkosten, und zwar soweit es sich um Lohn- und Material-

variabler Natur für den Betrieb Mf.

1916/17.

April	Mai	Juni	Juli	August	September	II. Halbjahr	Geschäftsjahr 1916/17
ℳ	ℳ	ℳ	ℳ	ℳ	ℳ	ℳ	ℳ

Betriebsunkostenbuch.

aufwand handelt. Hierbei werden auch von Dritten für diese Unkostenpositionen erfolgten Arbeiten oder Leistungen als Materialaufwand behandelt. Die kaufmännische Buchhaltung bucht derartige Rechnungen nicht über Betriebsunkosten-, sondern über Betriebsmaterialienkonto. Näheres hierüber findet sich in dem Kapitel:

„Das Zusammenarbeiten der kaufmännischen Buchhaltung mit der Betriebsbuchhaltung.“

Die Gehälter der Betriebsbeamten werden zu keiner der aufgeführten Positionen gerechnet, da diese, wie bereits in einem früheren Kapitel gesagt, in meinem Beispiel zu den konstanten Betriebsunkosten gezählt werden.

Sämtlichen Konten der allgemeinen Betriebsunkosten sind, um die Kenntlichmachung der hierfür aufgewendeten Löhne zu ermöglichen und die getrennte Verbuchung zu erleichtern, ebenfalls Nummernbezeichnungen gegeben. Um bei dem für die Werkstattunkosten gewählten System zu bleiben, wurden nur ungerade Zahlen hierfür verwendet. Aus der Kontobezeichnung soll aber auch gleich der Betrieb ersichtlich sein. Diesen Anforderungen entspricht die in der vorstehenden Aufstellung bereits angewandte Zahlenserie. Der Betrieb Wf würde für die gleichen Konten die Unkostennummern 2001, 2003 usw. führen. Bei mehreren Betrieben wird also die Zahl in der Tausenderstelle der Nummer des Betriebes entsprechen.

Die Verbuchung der variablen Betriebsunkosten, soweit sie im Betriebe selbst entstehen, geschieht in getrennten Material- und Lohnheften, ähnlich wie die der Werkstattunkosten nach Formular Nr. 3 und 4.

Im Betriebsunkostenbuch erfolgt eine Zusammenstellung der monatlichen Abschlußzahlen der einzelnen Konten nach Formular Nr. 7.

Die Aneinanderreihung der einzelnen Monatsergebnisse soll einen bequemen Überblick über die vielfach großen Schwankungen unterworfenen Zahlen geben. Bei großen Abweichungen wird man hierdurch veranlaßt, den Ursachen nachzuspüren.

Die Abschreibungen.

Die Abschreibungen auf Anlagekonten bilden, soweit sie der tatsächlichen Wertminderung der Anlageobjekte entsprechen, einen Teil der Generalunkosten. Diese Wertminderung richtig festzustellen, erfordert die sorgfältige Berücksichtigung der mannigfaltigsten Umstände. Unter normalen Verhältnissen wird die voraussichtliche Lebensdauer des Gegenstandes für die Festsetzung des jährlichen Abschreibungsbetrages allein maßgebend sein. Hierfür haben sich Erfahrungssätze herausgebildet, die im allgemeinen folgende Abschreibungen für ausreichend erscheinen lassen:

auf	Fabrikgebäude	2—4 %
,,	Werkzeugmaschinen	10—20%
,,	Transmissionen	10—20%
,,	Werkzeuge	25—50%
,,	Utensilien	25—50%
,,	Kraftmaschinen	5—10%

Die angegebenen Abschreibungssätze beziehen sich auf den Anschaffungswert. Will man die Abschreibungen vom jeweiligen Restwert vornehmen, so wird man in den ersten Jahren entsprechend höhere Prozentsätze abschreiben müssen, um der beschränkten Lebensdauer Rechnung zu tragen. Wollte man z. B. bei einer Werkzeugmaschine mit einem Anschaffungswert von 5000 M. nur immer 10% vom Restwert abschreiben, so würde diese Maschine nach 10 Jahren noch mit 1743,40 M. und nach 20 Jahren noch mit rund 600 M. zu Buch stehen.

Da die mehr oder minder starke Benutzung eines Gegenstandes auf dessen Lebensdauer von ausschlaggebendem Einfluß ist, werden die Abschreibungen bei einem über das normale Maß hinausgehenden Beschäftigungsgrade natürlich entsprechend höher vorgenommen werden müssen. Hat man z. B. die Lebensdauer der in der Dreherei befindlichen Maschinen unter normalen Verhältnissen auf 10 Jahre eingeschätzt, so wird man in einem Jahre, in dem infolge Auftragshäufung die Arbeitszeit von 9 auf 12 Stunden heraufgesetzt werden mußte, die Abschreibungen für dieses Jahr nicht mit 10, sondern vielleicht mit 14% vornehmen. Bei Spezialmaschinen ist außerdem noch die Gefahr der plötzlichen Wertminderung infolge Überholtwerdens durch bessere Modelle zu berücksichtigen. Die Abschreibungen für solche Maschinen sind von vornherein höher zu bemessen.

Um die Abschreibungsbeträge auf die einzelnen Werkstätten richtig verteilen zu können, muß man die in jeder Abteilung steckenden Anlagewerte kennen. Hierzu bedarf es mindestens alljährlich besonderer Feststellungen, denen sich schon in Betrieben mit abgeschlossener Entwicklung die größten Schwierigkeiten entgegenstellen. In Werken, die sich in steter Vergrößerung bzw. Umgruppierung befinden, sind derartige Feststellungen ohne besondere Hilfsmittel schlechterdings unmöglich. Hier ist die Führung von Inventarbüchern bzw. Kartotheken für die einzelnen Werkstätten unbedingt erforderlich. Wenn die Betriebsbuchhaltung in diesen Inventarverzeichnissen laufend jeden Zu- und Abgang gewissenhaft vermerkt, geben diese Aufzeichnungen jederzeit einen einwandfreien Überblick über die in den einzelnen Werkstätten vorhandenen Sollbestände an Anlageobjekten wie auch über die Vermehrung dieser Bestände in einem beliebigen Zeitraum. Auf Grund derartiger Unterlagen können die Abschreibungen dann in einem der Wirklichkeit entsprechenden Maße auf die einzelnen Werkstätten aufgeteilt werden. Mit den Abschreibungen auf Fabrikgebäudekonto werden die Abteilungen nach dem Umfange des in Anspruch genommenen Raumes belastet.

Die Abschreibungen, namentlich auf Werkzeugmaschinen, können auf den Generalunkostenanteil eines Erzeugnisses von so schwerwiegendem Einfluß sein, daß diesem Umstande bei der Selbstkostenberechnung unbedingt Rücksicht getragen werden muß. Bei gleich langer Lebensdauer von 10 Jahren wird z. B. eine Drehbank mit einem Anschaffungswerte von 10 000 M. eine jährliche Abschreibung von 1000 M., eine Drehbank von 1000 M. Anschaffungswert nur eine jährliche Abschreibung von 100 M. erfordern. Nehmen wir an, daß beide Maschinen 2500 Stunden im Jahre in Betrieb sind. Da die Löhne, die den Arbeitern beider Maschinen gezahlt werden, gleich hoch sind, kann man bei einem Stundensatz von 1,— M. mit je 2500 M. produktiver Löhne pro Jahr für beide Maschinen rechnen. Die Abschreibungen werden nun im Verhältnis zu dieser Lohnsumme bei der einen Maschine 40%, bei der anderen nur 4% ausmachen, also eine Differenz von 36%, die ohne Berücksichtigung der auch verschieden hohen Betriebskosten allein durch die Abschreibung bedingt ist. Will man diesem Umstande bei der Selbstkostenberechnung Rücksicht tragen — und um falsche Kalkulationen zu vermeiden, muß man es tun —, so wird man für die über den Durchschnitt erheblich hinausgehenden Maschinen einer Werkstatt einen entsprechend erhöhten Zuschlag festsetzen müssen. Dies läßt sich, da derartige Ausnahmen gewöhnlich nicht sehr zahlreich sein werden, innerhalb des Rahmens der nach Werkstätten abgestuften Generalunkostenzuschläge recht gut durchführen.

Die in der Bilanz erscheinenden Abschreibungsbeträge sind in der Regel noch durch andere Umstände als die alleinige Wertminderung der Anlageobjekte bedingt und können nicht ohne weiteres in vollem Umfange zu den Generalunkosten gerechnet werden. Bei gut fundierten Werken erscheinen z. B. die wertvollen Werkzeugmaschinenbestände vielfach nur mit 1,— M. in der Bilanz. Die zur Erreichung dieses Zieles erforderlichen großen Abschreibungen können natürlich nur bei günstigem Geschäftsergebnis vorgenommen werden und überschreiten die tatsächliche Wertminderung oft um ein Vielfaches. Dieser häufig geübte Brauch, wertvolle Anlageobjekte völlig abzuschreiben, gibt mir Veranlassung, seine Rückwirkung auf die Selbstkostenberechnung bzw. auf den Generalunkostenzuschlag kurz zu besprechen. Daß der die tatsächliche Wertminderung überschreitende Abschreibungsbetrag nicht zu den Generalunkosten rechnen kann, sagte ich bereits. Wie ist aber zu verfahren, nachdem diese völligen Abschreibungen in den vorhergehenden Jahren bereits erfolgt sind? Nehmen wir an, daß das einen tatsächlichen Wert von 5 000 000 M. darstellende Werkzeugmaschinenkonto auf 1,— M. abgeschrieben sei. Im darauf folgenden Geschäftsjahr ist, da die bisher starke Entwicklung des Werkes zum Abschluß bzw. zu einem vorläufigen Stillstand gekommen ist, kein Zugang von Werkzeugmaschinen zu verzeichnen, buchtechnisch wird also auch keine weitere Abschreibung dieses Kontos möglich sein. Eine fortschreitende Wertminderung des Maschinenparkes infolge der Benutzung für das laufende Geschäftsjahr ist aber unbestreitbar. Bei zehnjähriger Lebensdauer der dauernd beanspruchten Werkzeugmaschinen dürfte die Wertminderung für das abgelaufene Geschäftsjahr einem Betrage von 500 000 M. entsprechen. Ist es nun gerechtfertigt, die Abschreibungen auf Werkzeugmaschinen in dieser Höhe in den Generalunkostenzuschlag einzustellen? Ich würde diese Frage bejahen, obwohl der in die Selbstkostenberechnungen einzusetzende hohe Abschreibungsbetrag von dem in der Bilanz nur noch mit 1,— M. bewerteten Anlagekonto buchtechnisch eigentlich nicht möglich ist. Bei Außerachtlassung aller anderen Umstände müßte dieses Verfahren also einen buchmäßigen Mehrgewinn in gleicher Höhe bewirken, was eigentlich meinem Prinzip, bei den Selbstkostenberechnungen nur tatsächliche Unkosten bzw. Wertminderungen zu berücksichtigen, widersprechen würde. Dem ist aber nicht so; es ist zu beachten, daß es sich auch hier, obwohl es buchmäßig nicht in Erscheinung tritt, um eine tatsächliche Wertminderung eines Anlageobjektes handelt. Der eine stille Reserve darstellende Wert des Werkzeugmaschinenkontos erfordert meines Erachtens die gleiche Berücksichtigung, als wenn er noch offen, also buchmäßig, nachgewiesen würde. Ob völlig abgeschrieben oder mit dem tatsächlichen Wert zu Buche stehend — kein Industrieller wird seine Maschinen arbeiten lassen, ohne ihre Abnutzung sich in dem Verkaufspreis der hergestellten Waren bezahlen zu lassen. Ich halte dies bei unserer derzeitigen Wirtschaftsordnung für selbstverständlich und ganz in der Ordnung, auch wenn dadurch das Geschäft mit völlig abgeschriebenen Anlageobjekten bei denselben Verkaufspreisen buchmäßig einen entsprechend höheren Gewinn erzielt als das gleiche Geschäft, bei dem die Anlageobjekte mit ihrem tatsächlichen Wert zu Buche stehen. Man muß berücksichtigen, daß die Besitzer des ersteren Werkes — seien es Aktionäre oder Einzelbesitzer — in den Jahren, in denen die weit über die tatsächliche Wertminderung hinausgehenden Abschreibungen vorgenommen und dadurch stille Reserven geschaffen wurden, auf einen entsprechenden Teil ihres Gewinnes verzichteten. Diese Verzichtleistung auf die Auszahlung eines bestimmten oder auch nicht näher bestimmten Gewinnanteiles zugunsten des Geschäfts kommt aber einer Einzahlung neuen Kapitals ziemlich gleich, nur das sie buchmäßig nicht in Erscheinung tritt.

Es liegt jedoch nur im Rahmen dieser Arbeit, die Abschreibungen in ihrem Einfluß auf die Selbstkostenberechnung zu betrachten. Dieses glaube ich mit den vorstehenden kurzen Ausführungen zur Genüge getan zu haben.

Die Lohnverrechnung.

Produktive und unproduktive Löhne.

In jedem größeren Fabrikgeschäft erfordert die Lohnabrechnung und das Fertigmachen der Lohnbeträge eine ganz erhebliche Arbeitsleistung, die dazu noch vielfach in überstürzter Weise erledigt werden muß. Wenn man bedenkt, um welche Summen es sich in allen größeren Werken bei den wöchentlichen Lohnzahlungen handelt, muß man sich wirklich wundern, daß diese wichtige Arbeit nicht immer ihrem Wert entsprechend eingeschätzt wird. Bei wöchentlichen Lohnzahlungen, wie sie jetzt wohl allgemein üblich sind, bleiben dem Lohnbureau für die eigentlichen Abrechnungsarbeiten nur höchstens 3 Tage. Die anderen 3 Tage der Woche werden voll ausgefüllt durch das Nachprüfen der Abrechnungen, die infolge der für diese Arbeiten nicht ausreichend gewesenen Zeit keinen Anspruch auf Fehlerlosigkeit erheben können. Ferner muß an diesen, nicht durch die Abrechnung in Anspruch genommenen Tagen das Übertragen der Kartothek, der Berufsgenossenschaftsstatistik, der Abrechnungen für die Kranken- und Invalidenversicherung und anderes mehr erfolgen. Praktischer ist es, wenn diese Nachrechnungen und Übertragungen von einer besonderen Abteilung ausgeführt werden. Dadurch wird die eigentliche Lohnabrechnungsabteilung wesentlich entlastet, so daß sie den Abrechnungen viel größere Sorgfalt widmen kann. Bei der Höhe der in Frage stehenden Summen muß auch ein eventueller Mehrbedarf an Personal in Kauf genommen werden, denn die bei der Abrechnung sonst vorkommenden Fehler können bei dem starken Arbeiterwechsel nicht immer durch die nachträgliche Kontrolle wieder gutgemacht werden.

Größtenteils wird die Lohnabrechnung jetzt in Ermanglung männlicher Arbeitskräfte von jungen Mädchen ausgeführt. Ich habe gefunden, daß sich diese hierin mit wenigen Ausnahmen sehr gut bewähren. Ist die Arbeitseinteilung und Arbeitsleitung eine richtige, so leisten im Rechnen und Schreiben einigermaßen gewandte junge Mädchen bei Verwendung von Lohntabellen und Additionsmaschinen in der Lohnabrechnung mindestens das gleiche wie qualifizierte männliche Arbeitskräfte. Auf diesem Arbeitsgebiet werden sich die weiblichen Kräfte wohl kaum mehr durch die männliche Konkurrenz von den während des Krieges eroberten Plätzen verdrängen lassen.

In der Lohnabrechnung kommen bei den verschiedenen Werken die mannigfachsten Verfahren in Anwendung. Ich meine hierbei nur das eigentliche Abrechnungsverfahren. Auf die Lohnsysteme selbst, ob Zeitlohn-, Stücklohn- oder Prämiensystem, will ich hier nicht weiter eingehen. Nur einen Übelstand unseres Stücklohnsystems, der in den Friedensjahren und vielfach auch jetzt noch eine nicht unwesentliche Behinderung der Produktion zeitigte, will ich kurz streifen. Den Akkordarbeitern wurden, obwohl sie auf Stücklohn arbeiteten, Grenzen in ihrer Arbeitsleistung insofern gesetzt, als sie nicht mehr wie einen bestimmten Höchstbetrag pro Stunde erzielen durften. Beim Überschreiten dieser Grenze liefen sie Gefahr, die Stückpreise herabgesetzt zu sehen. Auch die Arbeitnehmerorganisationen haben vielfach ihre Mitglieder angewiesen, sich an solche Grenzen zu halten, um die Stückpreisherabsetzung und die dadurch zur Erzielung des bisherigen Verdienstes nötig werdende intensivere Ausnutzung der Arbeitskraft zu verhindern. Die Arbeitgeber übten das geschilderte Verfahren, um auf diesem Wege die oft sehr oberflächlich festgestellten Stückpreise im Laufe der Zeit zu regulieren. Der auf diese Art entstehende Schaden wurde größtenteils übersehen. Da die Arbeiter wußten, daß eine Mehrleistung stets eine Herabsetzung der Stücklöhne zur Folge hatte, hielten sie oft, namentlich bei guten Akkordpreisen, absichtlich mit ihrer Arbeitsleistung zurück. Zeitweise stillstehende Maschinen und leere Arbeitsplätze waren keine Seltenheit. So blieben vielfach auch stark überzahlte Akkordpreise jahrelang in Geltung. Der Arbeitgeber hatte zu dem Schaden eines dauernd zu hoch gezahlten Stücklohnes auch noch den nicht zu unterschätzenden Nachteil zu tragen, daß seine Produktionsmittel nicht richtig ausgenutzt wurden. Während des Krieges hat man hauptsächlich in Rüstungsbetrieben, um die Arbeitsleistung zu fördern, den geschilderten kurzsichtigen Standpunkt aufgegeben. In solchen Fällen konnte man auch einen Einblick in den Umfang der früher durch absichtliche Zurückhaltung der Arbeitsleistung entstandenen Schäden gewinnen. So erzielten die Arbeiter mit den im Frieden üblich gewesenen Stücklöhnen oft einen doppelten und höheren Stundenverdienst als früher. Allerdings mußte ihnen erst die Versicherung gegeben werden, daß keinerlei Abzüge an den Stücklöhnen auf Grund hoher Verdienste gemacht würden. Kann der geschickte und schaffensfreudige Arbeiter auf diesem Wege eine nicht unerhebliche Verbesserung seines Einkommens erwirken, so ist doch der Vorteil, der dem Geschäft durch die bessere Ausnützung der Produktionsmittel erwächst, mindestens ebenso groß. Darum also: Sorgfältige Festsetzung der Stücklöhne, dann aber keinerlei Einschränkungen der Schaffensfreudigkeit tüchtiger Arbeiter. Herabsetzung der Stücklöhne nur bei verbesserten bzw. vereinfachten Fabrikationsverfahren.

Die in der Lohnabrechnung angewandten verschiedenen Formulare für Arbeitszettel, Akkordscheine, Wochenscheine usw. sind so zahlreich und auch von der Eigenart des jeweiligen Betriebes so stark beeinflußt, daß ich es für überflüssig halte, hier ein bestimmtes Formular anzuführen. Ein gut ausgebildetes Formular hat gewiß seine Vorteile, doch den richtigen Wert gewinnt es erst durch seine Handhabung. Das beste Formular ist wertlos, wenn nicht für die ordnungsmäßige Durchführung des zugrunde liegenden Organisationsgedankens gesorgt ist. Auch die vielfach beklagten Verschiebungen von Arbeitsstunden von sog. schlechten Akkorden auf gute Akkorde lassen sich nicht durch Formulare allein verhindern. Hier ist vor allen Dingen die Mitwirkung der Betriebsbeamten, wie Meister, Kontrolleure usw., erforderlich. Doch das sind Aufgaben, die mit der eigentlichen Selbstkostenberechnung nur mittelbar im Zusammenhang stehen, so daß ich ein näheres Eingehen darauf glaube unterlassen zu dürfen.

In jedem größeren Werke bedarf es besonderer, die Eigenart des jeweiligen Betriebes berücksichtigender Einrichtungen, um die für die Selbstkostenberechnung, die Berufsgenossenschaften, die Steuerbehörden und bei Lohnforderungen der Arbeiterschaft erforderlichen Unterlagen stets gebrauchsfertig zur Hand zu haben. Man wird für die Berufsgenossenschaften nach Gefahrenklassen getrennte Lohnnachweise, für welche die Genossenschaften in der Regel ein Formular vorschreiben, führen müssen. Für die den Steuerbehörden zu machenden Angaben und gleichzeitig als Unterlage zur Beurteilung von Lohnforderungen dient am besten eine Kartothek nach Formular Nr. 8. Der Vordruck entspricht der vom Verband Berliner Metallindustrieller geführten Lohnstatistik. Die Kartothek verdient bei allen größeren Betrieben, oder bei solchen mit starkem Arbeiterwechsel vor den gebundenen Lohnnachweisen den Vorzug. Die Karten der noch im Betriebe beschäftigten Leute sind am besten nach Werkstätten und innerhalb dieser nach den Kontrollnummern der Arbeiter zu ordnen. Dadurch wird die Übertragung aus dem Lohnbuch auf die Karten erleichtert, und man hat ferner dadurch die Nachweise gleicher Arbeitergruppen stets beisammen und kann daraus bei Lohnforderungen durch Vergleiche schnell oft wertvolle Schlüsse ziehen.

Für die Selbstkostenberechnung bzw. für die als Grundlage hierfür dienende Unkostenstatistik bedarf es in erster Linie einer getrennten Nachweisung der produktiven und unproduktiven Löhne. Über diese beiden Begriffe bestehen sehr häufig Unklarheiten. Man findet unter Betriebsleitern oft weitläufige Auseinandersetzungen darüber, ob ein bestimmter Lohnaufwand zu der Gruppe der produktiven oder unproduktiven Löhne zu rechnen sei. Die scharfsinnigsten Betrachtungen werden angestellt, nur geht man meines Erachtens gewöhnlich von falschen Voraussetzungen aus. Für die Zwecke der Selbstkostenberechnung bedarf es über die beiden Begriffe „produktive" und „unproduktive" Löhne keiner langen Auseinandersetzungen. Zur Erläuterung vielfach vorhandener Auffassungen will ich jedoch diese beiden Begriffe auch kurz aus einem betriebstechnischen Gesichtswinkel betrachten, und zwar mit der Auslegung, daß die produktiven Löhne Werte schaffend und Gewinn bringend, die unproduktiven Löhne nur verteuernd auf die Herstellungskosten und demzufolge Gewinn verringernd wirken. Diese Auslegung gibt man in Werkstattkreisen abweichend von dem allgemeinen Sprachgebrauch den beiden Wörtern „produktiv" und „unproduktiv" oft.

In einem geordneten Werke mit ökonomischer Betriebsführung werden alle aufgewendeten Löhne, einschließlich der für Hilfsarbeiter, nur im Interesse der Produktion erfolgen, also in gewissem Sinne auch ausnahmslos produktiver Natur sein. Ihr Gesamtaufwand wird nicht größer sein, als bei bestmöglichster Ausnützung der vorhandenen Anlagen zur Erledigung der Aufträge unbedingt erforderlich ist. Es bleibt also der größtmöglichste Gewinn dem Geschäft erhalten.

In einem Betriebe mit nicht ökonomischer Betriebsführung, veralteten Arbeitsmethoden und Einrichtungen, werden über das erforderliche Maß hinaus Löhne aufgewendet, die in dem ersteren Betriebe vermieden werden, hier also den möglichen Gewinn verringern. Diese vermeidbaren Löhne werden nicht dadurch produktiv, daß sie direkt

Lohnnachweis für das I. Quartal 1917.

Abtlg Arb.-Kontr.-Nr

Name und Vorname

Geburts-			Eintritt			Austritt			Beschäftigungsart	gelernt angelernt ungelernt	Lohnsatz					
Tag	Monat	Jahr	Tag	Monat	Jahr	Tag	Monat	Jahr			Dtm.	Pf.	Dtm.	Pf.	Dtm.	Pf.

1.			2.	3.	4.	5.				6.				7.		8.			9.						10.	
Lohnzahlungsfristen			Arbeitstage	Versäumte Stunden	Überstunden	Gesamtverdienst einschl. der Aufschläge für Überstunden usw.													Abzüge:						Auszuzahlender Betrag	
						Zeitlohn				Stücklohn				Sonstige Vergütung		Insgesamt 5, 6 + 7			Krankenkasse		Invalidenversicherung		Sonstige Abzüge			
						Stunden		Betrag		Stunden		Betrag				Stunden	Betrag									
Nr.	von	bis	Anz.	Anz.	Anz.	Anz.	1/4	M.	Pf.	Anz.	1/4	M.	Pf.	M.	Pf.	Anz.	M.	Pf.	M.	Pf.	M.	Pf.	M.	Pf.	M.	Pf.
1																										
2																										
3																										
10																										
11																										
12																										
13																										
Zusammen . . .																										
Durchschnitt p. Std.																										

Formular Nr. 8.

bei der Herstellung der Fabrikate aufgewendet werden. Hierfür ein Beispiel: In dem ersten Betriebe werden die Teilfabrikate sauber gefräst und erfordern keinerlei Nacharbeiten. Die Fräserei des zweiten Betriebes arbeitet so unsauber, daß regelmäßig Nachfeilen erforderlich wird. Obwohl dieses Feilen in den Bearbeitungsoperationen der zweiten Fabrik von vornherein vorgesehen ist, werden die hierfür aufgewendeten Löhne durch diesen Umstand noch nicht produktiv in dem vorausgeschickten Sinne. Das Feilen ist, wie bei dem die gleichen Artikel erzeugenden ersten Betriebe festgestellt, vermeidbar, verteuert demzufolge das Fabrikat unnötigerweise und verringert den Gewinn. Die in dem ersten Betriebe für das Schleifen und Instandhalten der Fräser aufgewendeten „unproduktiven" Löhne könnte man in diesem Falle eher als „produktiv" ansehen, als das im zweiten Betriebe zwar bei der Bearbeitung von vornherein vorgesehene, bei genügend sauberer Fräsarbeit aber vermeidbare Nachfeilen.

Für die Selbstkostenberechnung stellen die Begriffe „produktive" und „unproduktive" Löhne nur Notbehelfe zur Erfassung der vollen Selbstkosten dar. In einem kleinen Betriebe mit einer beschränkten Zahl von Aufträgen wird man alle aufgewendeten Löhne direkt auf die wenigen Aufträge verrechnen können, sich also bei den Begriffen produktive und unproduktive Löhne nicht lange aufhalten. In großen Betrieben jedoch, die verschiedene Fabrikate herstellen, wird man nicht alle Löhne direkt auf die Unzahl der Aufträge verteilen können. Die unmittelbare Verteilung wird sich auf die bei der Bearbeitung der Fabrikate direkt aufgewendeten — die sogenannten produktiven — Löhne beschränken müssen, während die anderen — die sogenannten unproduktiven — Löhne nur indirekt durch einen Zuschlag zu erfassen sind.

Für die Selbstkostenberechnung entscheidet also über die Begriffe produktive oder unproduktive Löhne der Umstand, ob man diese direkt oder nur indirekt auf die Aufträge verrechnen kann. Daß hierbei auch vielfach unnötiger Mehraufwand von Löhnen zu der Gruppe der produktiven Löhne gerechnet werden muß, zeigte bereits das vorstehende Beispiel. Man würde daher besser von „direkten" und „indirekten" Löhnen sprechen und damit das für die Selbstkostenberechnung Gewollte am richtigsten bezeichnen. Da die alten Bezeichnungen sich jedoch in Fabrikkreisen so stark eingebürgert haben, daß eine Neubenennung sich schwerlich Eingang verschaffen würde, will auch ich in meinen Ausführungen die Bezeichnung „produktive" für „direkte" und „unproduktive" für „indirekte" Löhne beibehalten.

Meinungsverschiedenheiten bestehen auch darüber, ob die zur Erledigung der Betriebsaufträge für eine andere Werkstatt direkt aufgewendeten Löhne zu den produktiven zu rechnen, und ob die Bewertung dieser Aufträge unter Einrechnung der anteiligen Betriebsunkosten erfolgen soll. Immer davon ausgehend, daß die Unterteilung in produktive und unproduktive Löhne für die Selbstkostenberechnung nur Mittel zum Zweck ist, würde ich die beiden Fragen bejahen. Gleichgültig, ob es sich um Neuanfertigung von Anlageobjekten oder Reparaturen derselben handelt, die Selbstkosten dieser Aufträge werden neben dem direkten Lohn- und Materialaufwand auch stets einen Anteil der Betriebsunkosten der ausführenden Werkstatt umfassen müssen. Die Einrechnung dieses Betriebsunkostenanteils bei der Bewertung selbstgefertigter Anlageobjekte ist sowohl nach § 40 als auch nach § 261 HGB. zulässig, da die anteiligen Betriebsunkosten ohne Frage mit zu dem Herstellungspreis gehören, wobei für die unter § 40 HBG. fallenden Gewerbebetriebe vorausgesetzt wird, daß die Herstellungskosten auch ungefähr dem objektiven Wert des betreffenden Gegenstandes entsprechen. Für die Aktiengesellschaften besteht diese Beschränkung für die Bewertung der Anlagenobjekte nicht, man könnte höchstens bei erheblicher Abweichung des Herstellungspreises vom objektiven Wert aus § 260 HGB. die Verpflichtung entnehmen, derartige den objektiven Wert übersteigende Einstellungen von Anlagewerten in die Bilanz im Bericht zu erläutern. Ein solcher Fall würde sich jedoch nur höchst selten ergeben, da ein Werk bei Anlageobjekten, deren Selbstanfertigung bedeutend teurer käme als der fertige Kauf, die käufliche Beschaffung der Selbstanfertigung wohl in der Regel vorziehen wird.

Wollte man bei der Berechnung der Betriebsaufträge die anteiligen Betriebsunkosten unberücksichtigt lassen, so müßten diese auf anderem Wege gedeckt werden. Fast jede größere Fabrik hat eine besondere Betriebsschlosserei, die andere als Betriebsaufträge überhaupt nicht ausführt. Hier würden bei Nichtanrechnung der anteiligen Betriebsunkosten auf die Betriebsaufträge die gesamten Unkosten der ganzen Werkstatt auf die Fabrikationsabteilungen nachträglich zu verteilen sein, ohne einen zuverlässigen Maßstab hierfür zu haben. Die gerechteste Verteilung erreicht man aber, wenn man die von der Betriebsschlosserei für andere Werkstätten ausgeführten Aufträge von vornherein mit den anteiligen Betriebsunkosten belastet, da dann die Verteilung der Inanspruchnahme gleichsteht. Des ferneren erhält man dadurch die Möglichkeit zu prüfen, ob derartige Aufträge von Dritten billiger ausgeführt werden, als im eigenen Betriebe.

Für die Trennung der Löhne in solche produktiver und unproduktiver Natur, wie auch für die Lohnaufstellungen der Berufsgenossenschaften und die in Formular Nr. 8 dargestellte Kartothek bildet das Lohnbuch die Grundlage. Die Einrichtung desselben ist davon abhängig, in welchen Zeitabständen die Lohnabrechnungen erfolgen. Viele Werke rechnen in jeder Woche ab, andere wiederum nur alle zwei Wochen, einzelne sogar nur alle Monate und geben für die zwischenliegenden Wochen

Abschlagszahlungen. Diese die Einteilung des Lohnbuches beeinflussenden Verschiedenheiten sowie der Umstand, daß die von den Berufsgenossenschaften für die Führung der Lohnbücher aufgestellten Grundsätze auf deren Anlage ausschlaggebend sein können, lassen die Einrückung eines Musters für das Lohnbuch überflüssig erscheinen.

Erwünscht sind getrennte Lohnbücher für die einzelnen Werkstätten bzw. scharfe Auseinanderhaltung derselben bei gemeinsamem Lohnbuche, um die Lohnsummen jeder Abteilung sogleich ersehen zu können. Nachdem die Zerlegung dieser Summen in produktive und unproduktive Löhne nach dem Grundsatz erfolgt ist, ob sie direkt oder nicht direkt auf die Aufträge verrechnet werden, erfolgt die Eintragung der ermittelten Zahlen in das in einem früheren Kapitel bereits erwähnte Betriebsunkostenbuch nach Formular Nr. 6, und zwar für den Gesamtbetrieb sowohl als für die einzelnen Werkstätten. Diese für einen bestimmten Zeitraum, am besten für ein volles Geschäftsjahr durchgeführten Aufzeichnungen geben dann für die Unkostenstatistik den erforderlichen Aufschluß über die Höhe der produktiven Löhne jeder einzelnen Fabrikationsabteilung und somit die Basis, auf der die Betriebsunkostenzuschläge aufgebaut werden.

Die Materialausgabe und -verrechnung.

Als Grundbedingung jeder ordnungsmäßigen Materialverrechnung muß das Vorhandensein schriftlicher Aufzeichnungen für jeden, auch den kleinsten Materialbezug gelten. Ob diese schriftlichen Aufzeichnungen nun in Form von Entnahmescheinen, Abforderungszetteln, Materialstücklisten oder sonstwie geführt werden, ist nur von zweiter Bedeutung. Ebensowenig wird auch die Art der hierfür verwendeten Formulare, die man für verschieden geartete Betriebe schwerlich einheitlich festlegen kann, für die Zuverlässigkeit der Materialverrechnung irgendwie ausschlaggebend sein können. Wichtiger ist schon, daß die Verbrauchsnachweisungen, seien es nun Materialentnahmescheine oder andere Belege, auch vollzählig an die mit der Verrechnung betraute Stelle gelangen.

Während man in Maschinen- und Apparatefabriken bei den aus vielen Einzelheiten bestehenden Erzeugnissen wohl kaum auf eine ordnungsmäßige Materialstückliste wird verzichten können, genügen bei einfachen Fabrikaten Materialentnahmescheine allein. Ob man diese in zwei- oder dreifacher Ausfertigung für jeden Bezug verwendet, ist davon abhängig, ob die Werkstatt davon eine Durchschrift benötigt oder nicht. Festzuhalten ist daran, daß kein Materialstück aus dem Lager in die Werkstatt wandert, ohne daß dafür ein von der Werkstatt ausgestellter bzw. anerkannter Entnahmeschein in das Lager kommt. Um eine Kontrolle in bezug auf die Vollzähligkeit dieser im Laufe eines Tages in den Materialausgabestellen sich ansammelnden Zettel zu haben, empfiehlt sich das sofortige Abstempeln der Zettel mit einem selbsttätigen Numerierstempel bei der Ausgabe. Hierdurch werden die Zettel täglich, wöchentlich oder in anderen Zeitabständen, stets von 1 beginnend, mit laufenden Nummern versehen. Voraussetzung für die Zuverlässigkeit dieser Kontrolle ist, daß der Mechanismus des Stempels ein Zurückstellen der Zahlenräder nur mittels besonderen Schlüssels ermöglicht. Dieser wäre bei der Stelle aufzuheben, die die Zettel täglich vom Lager in Empfang nimmt. Die Ausgabestellen werden durch diese Vorsichtsmaßregel daran gehindert, das Abhandenkommen von Zetteln durch die Einreihung später eingegangener, mit entsprechender Nummer versehener Scheine zu verschleiern.

Ist eine Lagerbuchführung vorhanden, so werden die Werkstätten die Entnahmescheine mit Durchschrift an das Lager abgeben müssen. Hiervon gelangt dann eine Durchschrift an die Nachkalkulation bzw. Betriebsunkostenstatistik, während die zweite Durchschrift zur Aufstellung der Lagerausgangslisten oder direkt der Lagerbuchführung als Beleg dienen kann. Während man in der Nachkalkulation die Zettel nach erfolgter Eintragung nach Kommissionsnummern geordnet ablegen wird, empfiehlt sich für die Lagerbuchführung die Ordnung nach Tagen bzw. nach den aufgestempelten Kontrollnummern, um so stets den Nachweis über die Vollständigkeit der für die Lagerabschreibungen verwendeten Belege führen zu können.

Ziemliche Schwierigkeiten verursacht in allen größeren Betrieben die richtige Bewertung der Materialien. Es erfolgen da von derselben Materialart oft Eingänge von mehreren Lieferanten zu ganz verschiedenen Preisen. Für viele dieser Materialien wird es aber unmöglich sein, sie im Lager getrennt zu behandeln und für jeden Bezug den Lieferanten bzw. den Einkaufspreis festzustellen. Die Festlegung eines monatlichen oder für einen anderen Zeitraum bestimmten Durchschnittspreises für derartige Materialien auf Grund der verschiedenen Einkaufspreise eines verflossenen Zeitraumes ist vielfach in der Selbstkostenberechnung üblich. Dieses Mittel wird aber in vielen Fällen, namentlich bei verschieden hohen Verbrauchsziffern in den einzelnen Monaten, versagen. Dieses sei in nachfolgendem Beispiel näher erläutert:

Das Stahllager hat im Monat Mai einen Zugang von

100 000 kg	Gußstahl	zu	220,—	M.	per	100 kg
100 000 „	„	„	180,—	„	„	100 „

Das ergibt einen Durchschnittspreis von 200 M. per 100 kg. Im Juni ist ein Ausgang von 50 000 kg zu verzeichnen, die unter Zugrundelegung des für den Maieingang festgestellten Durchschnittspreises von 200 M. per 100 kg mit insgesamt 100 000 M. in die Selbstkostenberechnungen eingesetzt werden. An Eingängen bringt der Monat Juni dem Lager

10 000 kg	Gußstahl	zu	150,—	M.	per	100 kg
20 000 „	„	„	120,—	„	„	100 „
10 000 „	„	„	110,—	„	„	100 „

Das ergibt einen Einkaufswert von 50 000 M. für 40 000 kg, also einen Durchschnittspreis von 125 M. per 100 kg. Dieser Durchschnittspreis kommt für den Monat Juli zur Anwendung, in dem das Lager einen Ausgang von 180 000 kg zu verzeichnen hat. Diese würden mit 225 000 M. in die Selbstkostenberechnungen eingestellt werden, obwohl der Einkaufspreis ein weit höherer ist. Auch wenn wir annehmen, daß die im Monat Juni billig eingekauften 40 000 kg restlos in dem Juliverbrauch enthalten sind, so sind doch noch mindestens 140 000 kg aus den Maieinkäufen, die einen Durchschnittspreis von 200 M. per 100 kg ergaben, im Monat Juli mitverwendet worden. Folglich wären im Monat Juli fälschlicherweise 140 000 × 0,75 M. = 105 000 M. zu wenig in die Selbstkostenberechnungen eingesetzt worden

Dieses krasse Beispiel mit seinen willkürlich gewählten Zahlen sollte nur die Fehler zeigen, die in der Materialverrechnung bei den lediglich auf Grund der Einkaufspreise eines bestimmten Zeitraumes festgestellten Durchschnittspreisen entstehen können. Man wird einwenden mögen, daß sich derartige Fehler von selbst ausgleichen, indem die Zahlenverhältnisse auch ebensooft umgekehrt liegen können. Ein derartiger Ausgleich ist natürlich beim Zusammenwirken verschiedener günstiger Umstände möglich, das ändert aber nichts an der Tatsache, daß das geschilderte Verfahren für eine ordnungsmäßige Abrechnung ein nur unzuverlässiges Mittel ist.

Beim Vorhandensein einer Lagerbuchführung kann man einen Ausweg aus diesen Schwierigkeiten dadurch finden, daß man die Lagerausgänge so lange mit einem bestimmten Einkaufspreis (mit oder ohne Zuschlag für Unkosten) bewertet, bis diese in ihrer Gesamtmenge die Höhe des betreffenden Eingangspostens erreicht haben. Darauf verrechnet man den Einkaufspreis der nächstfolgenden Lieferung usf. In Berücksichtigung der Reihenfolge der Eingänge würden hiernach von dem insgesamt 230 000 kg betragenden Ausgang der Monate Juni und Juli in die Selbstkostenberechnungen eingesetzt werden:

100 000 kg	mit	220,—	per	100 kg
100 000 „	„	180,—	„	100 „
10 000 „	„	150,—	„	100 „
20 000 „	„	120,—	„	100 „

Vom buchtechnischen Standpunkt aus betrachtet, würde dieses Verfahren einwandfrei sein. Es bringt aber den Nachteil, daß durch die stark schwankenden Materialeinkaufspreise zu große Unruhe in die Selbstkostenberechnung der Fabrikate kommt und die hier so dringend erforderlichen Vergleiche erschwert. Als Nebenerscheinung — wenn auch für die Abrechnung belanglos — ist noch zu erwähnen, daß im Lager in Wirklichkeit oft ein anderes Material vorhanden sein wird, als nach den in den Lagerbüchern der Reihenfolge der Eingänge entsprechend vorgenommenen Abschreibungen anzunehmen wäre. In dem letzten Beispiel müßten nach den Lagerabschreibungen bei dem Juliabschluß 10 000 kg zu 110 M. per 100 kg vorhanden sein, während in Wirklichkeit ebensogut diese 10000 kg aus der Mailieferung zum Einkaufspreise von 220 M. per 100 kg herrühren können. Die Herkunft des Materials hat jedoch nur Bedeutung für die Fabrikation, und diese verwendet für die Kennzeichnung der verschiedenen Stahlarten besondere Anstriche oder andere Zeichen.

Einen richtigen Durchschnittspreis für die Materialverrechnung erhält man, wenn man bei der Feststellung desselben nicht nur die Eingänge, sondern auch den jeweiligen Lagerbestand berücksichtigt. Um dieses näher erläutern zu können, ziehe ich die in dem ersten Beispiel gegebenen Zahlen wieder heran mit dem Zusatz, daß aus früheren Lieferungen noch 100000 kg Gußstahl zum Durchschnittspreise von 110 M. per 100 kg, mit dem Maieingang von 200000 kg also insgesamt 300000 kg, in den Monat Juni übernommen wurden. Diese 300 000 kg, von denen

100 000 kg	220,—	per	100 kg	
100 000 „	180,—	„	100 „	
100 000 „	110,—	„	100 „	

kosten, stellen einen Gesamtwert von 510000 M. dar. Mithin ergibt sich ein Durchschnittspreis von 170 M. per 100 kg. Die 50000 kg betragenden Ausgänge des Monats Juni würden demnach eine Verringerung des Lagerwertes von 85000 M. bedeuten. Am Monatsschluß sind noch vorhanden:

250 000	kg	zu	170,—	M.	per	100 kg und aus den Junieingängen
10 000	„	„	150,—	„	„	100 „
20 000	„	„	120,—	„	„	100 „
10 000	„	„	110,—	„	„	100 „

Das ergibt einen Lagerbestand von 290 000 kg mit einem Gesamtwert von 475 000 M., der in den Monat Juli übernommen wird. Der für den Monat Juli zu verwendende Durchschnittspreis stellt sich also auf 475 00 : 290 000 = 163,80 M. per 100 kg. Der Gesamtausgang des Monats Juli wäre hiernach also mit 180 000 × 1,638 M. = 294 840 M. in die Selbstkostenberechnungen einzustellen. Der Wert der am 31. Juli als Lagerbestand verbleibenden 110 000 kg zum Durchschnittspreise von 163,80 M. per 100 kg zu den im Monat Juli erfolgenden Neueingängen addiert und durch die Gesamtkilogrammzahl dividiert, ergibt dann den Durchschnittspreis für den Monat August. Schon diese Zahlen zeigen, daß trotz größter Sicherheit gegen rechnerisch falsche Erfassung des Materialverbrauches bei diesem letzteren Verfahren die in der Selbstkostenberechnung angewendeten Materialpreise vor allzu großen Schwankungen bewahrt bleiben. Zieht man die Durchschnitte anstatt allmonatlich für einen längeren Zeitraum — vielleicht für $^1/_4$ oder $^1/_2$ Jahr, so werden die für eine ordnungsmäßige Selbstkostenberechnung unerwünschten Schwankungen der Materialpreise noch mehr ausgeschaltet.

Für die Betriebsunkostenstatistik wird beim Fehlen einer geordneten Lagerbuchführung, die in vielen Geschäften von der Einkaufsabteilung geführte Materialstatistik, die über den Umfang der einzelnen Materialarten am Gesamtverbrauch der Menge und dem Werte nach Aufschluß gibt, als Anhalt dienen können. Wenn in dieser Materialstatistik die Fabrikationsmaterialien von den Betriebsmaterialien scharf getrennt und letztere außerdem noch genügend unterteilt sind, wird diese Aufstellung auch als willkommene Ergänzung derBetriebsunkostenstatistik dienen können. Bei dieser gilt als Richtlinie, alle entstehenden Unkosten, also auch den Betriebsmaterialienverbrauch, den einzelnen Abteilungen direkt zu belasten. Diese Belastung kann bei den Betriebsmaterialien nur auf Grund der Materialentnahmescheine erfolgen. Die Ausgabe der Betriebsmaterialien, wie Öl, Petroleum, Benzin usw., erfolgt aber in vielen Fabriken noch immer in der Form, daß die ausgegebene Menge nur schätzungsweise festgestellt wird. Die Werkstatt läßt z. B. einen „Eimer“ Rüböl holen; das Nettogewicht wird vom Ausgeber ohne Rücksicht auf die Größe des Eimers mit 15 kg angegeben, obwohl es in Wirklichkeit in einem Falle 20 und in einem anderen Falle 12 kg beträgt. Dieselbe Ungenauigkeit kann man in vielen Betrieben auch bei der Ausgabe anderer Betriebsmaterialien, wie Putzlappen usw., beobachten.

Da auf dem Konto Nr. 125 für den Betrieb Mf und dem Konto Nr. 225 für den Betrieb Wf die Betriebsmaterialien ihrer Art nach getrennt nachgewiesen werden, kann man unter Zuhilfenahme der Materialstatistik und der Inventuraufnahme feststellen, ob der verbuchte Verbrauch an Betriebsmaterialien dem tatsächlichen Verbrauch entspricht. Bei größeren Differenzen wird man nachträglich eine Berichtigung vornehmen müssen.

Als ein großer Übelstand bei der Materialverrechnung erweist sich die in vielen Betrieben nicht genügend bekämpfte Unsitte, das für einen Auftrag zuviel bezogene Material in der Werkstatt zu behalten. Es muß z. B. ein Mechaniker für die Reparatur eines Anlassers eine Bronzefeder von 3 mm Stärke anfertigen. Er fordert das hierzu benötigte Material in den Massen 120 × 20 × 3 mm an. Stangenmaterial von 20 × 3 mm

Querschnitt ist nicht vorhanden, dagegen Bronzeblech von 3 mm Stärke. Da das Lager nicht über eine geeignete Schere verfügt, erhält die Werkstatt eine ganze Tafel von 8,200 kg Gewicht. Gebraucht werden für den Auftrag jedoch nur 0,060 kg. Die Zurücklieferung der Tafel wird von Tag zu Tag verschoben. Inzwischen wird davon Material für andere Aufträge entnommen, ohne daß die Verrechnungsabteilung hierüber einen Materialentnahmeschein oder einen sonstigen Nachweis erhält. Oft kommt es auch vor, daß derartig wertvolles Material vollständig verschwindet. Man soll daher in den Materialausgabestellen stets die erforderlichen Werkzeuge bzw. Maschinen haben, um das verlangte Material abtrennen zu können. Werden in Ermangelung derartiger Werkzeuge ganze Materialstücke in die Werkstatt gegeben, so muß das Lager durch besondere Aufzeichnungen die rechtzeitige und vollständige Rückgabe der übrigbleibenden Mengen kontrollieren, erforderlichenfalls derartige Materialien aus der Werkstatt zurückholen lassen.

Die ziffermäßige Erfassung des gesamten Rohmaterialverbrauches, die für die Berechnung der reinen Materialzuschläge wie auch für die den Materialverbrauch mitberücksichtigenden gemischten Zuschläge erste Voraussetzung ist, wird stets Aufgabe der Lagerbuchführung sein. Fehlt diese, so wird man sich auf anderem Wege helfen müssen. Wie bereits erwähnt, werden vielfach von der Einkaufsabteilung Aufzeichnungen über den Eingang der verschiedenen Materialarten geführt. Als Unterlage hierfür dienen gewöhnlich die Eingangsfakturen. Nun kann man günstigenfalls aus derartigen Aufzeichnungen ersehen, wieviel Stahlguß, Grauguß, gezogenes Eisen, Gußstahl oder sonstige Materialarten in einem Monat bzw. in einem anderen Zeitraum eingegangen sind. Den Verbrauch wird man nur gelegentlich der Inventuraufnahme durch Subtrahieren der Inventurbestände von den Gesamteingängen des abgelaufenen Geschäftsjahres ermitteln können. Fehlen selbst derartige Aufzeichnungen, so sind die für die Berechnung des Kalkulationszuschlages erforderlichen Zahlen für den Materialverbrauch aus den Büchern der kaufmännischen Buchhaltung festzustellen. Allerdings wird man in diesem letzteren Falle auf eine weitgehende Gliederung in Materialarten verzichten müssen.

Das Zusammenwirken der kaufmännischen Buchhaltung mit der Betriebsbuchhaltung.

Wie ich bereits in der Einleitung sagte, müssen die Betriebsbuchhaltung oder Betriebsunkostenstatistik und die kaufmännische oder Zentralbuchhaltung, obwohl es sich hier um zwei scharf abgrenzbare Aufgabengebiete handelt, doch in dauernder inniger Zusammenarbeit stehen. Die Zentralbuchhaltung kann einen großen Teil der zur Aufstellung der Monatsbilanzen erforderlichen Zahlen nur von der Betriebsbuchhaltung, zu der ich auch die Lagerbuchführung rechne, erhalten, während umgekehrt die Betriebsbuchhaltung oder Betriebsunkostenstatistik die Zahlen für die nicht unmittelbar im Betriebe, also nicht durch Lohn- oder Materialaufwand entstehenden Betriebsunkosten nur aus den Büchern der Zentralbuchhaltung erhalten kann. Ein ohne gegenseitige Fühlung- und Rücksichtnahme herrschendes Nebeneinanderarbeiten dieser beiden Stellen — der rein kaufmännischen und der Betriebsbuchhaltung — behindert nicht nur eine weitgehende Verwertung der von beiden Stellen ermittelten Zahlen, sondern macht vielfach auch die gleichen Aufzeichnungen in beiden Abteilungen erforderlich. Soll z. B. die kaufmännische Buchhaltung ohne besondere Bestandaufnahmen Monatsbilanzen aufstellen, so wird sie, wenn sie sich nicht auf die Betriebsbuchhaltung stützen kann, selbst Aufzeichnungen über den Materialverbrauch und Lohnaufwand vornehmen müssen. Die gleichen Aufzeichnungen werden aber auch in der Betriebsbuchhaltung für die Zwecke der Betriebsunkostenstatistik und Nachkalkulation ausgeführt. Dasselbe trifft zu, wenn die Betriebsbuchhaltung ohne Mitwirkung der kaufmännischen Buchhaltung die für ihre Berechnungen erforderlichen Zahlen ohne Ausnahme selbst feststellen will oder muß. Sie wird dann sämtliche Rechnungen durchsehen und besondere Aufzeichnungen für alle die Unkostenpositionen vornehmen müssen, die nicht unmittelbar im Betriebe entstehen, wie z. B. Kosten für elektrischen Strom, Gas, Wasser, Miete, Gehälter, Versicherungsbeiträge usw. Alle diese Zahlen können aber, ohne daß dadurch irgendwelche Mehrarbeiten erforderlich werden, aus den Büchern der kaufmännischen Buchhaltung entnommen werden, wenn beide Stellen sich auf gegenseitige Zusammenarbeit eingestellt haben. Nicht zu übersehen ist auch, daß die Betriebsbuchhaltung ohne Zusammenarbeit mit der Zentralbuchhaltung mit ihren Zahlen sozusagen in der Luft schwebt, wenn diese nicht in den Grundbüchern ihre Stütze finden.

Dieses Kapitel soll nun weniger die Einrichtung der Zentralbuchhaltung als vielmehr das Zusammenarbeiten mit der Betriebsbuchhaltung, also die Mitwirkung bei der Selbstkostenberechnung, soweit sie für mein Beispiel in Erscheinung tritt, schildern. Um für meine weiteren Ausführungen die Grundlage zu schaffen, gebe ich nachstehend zunächst die für den dargestellten Betrieb geführten Hauptbuchkonten an:

1. Grundstückkonto.
2. Gebäudekonto.
3. Maschinenkonto.
4. Werkzeugkonto.
5. Utensilienkonto.
6. Hebezeugkonto.
7. Antriebsmotorenkonto.
8. Elektr. Anlagenkonto.

9. Transmissionskonto.
10. Modellkonto.
11. Rohmaterialienkonto.
12. Betriebsmaterialienkonto.
13. Kohlenkonto.
14. Betriebsunkostenkonto.
15. Lohnkonto.
16. Fabrikationskonto.
17. Warenkonto.
18. Fabrikatekonto.
19. Kassakonto.
20. Wechselkonto.
21. Effektenkonto.
22. Kontokorrentkonto.
23. Handlungsunkostenkonto.
24. Aktienkapitalkonto.
25. Rücklagekonto.

Umfaßt ein Werk mehrere getrennt abzurechnende Betriebe, so sind die vorstehenden Hauptbuchkonten — oder wenigstens ein Teil derselben — in entsprechend viele Unterkonten zu zerlegen. In meinem Beispiel mit den beiden Betrieben Mf und Wf erstreckt sich die Zweiteilung auf die Positionen 3—10 und 14—18.

In den vorhergehenden beiden Kapiteln „Die Werkstattunkosten“ und „Die allgemeinen Betriebsunkosten“ handelte es sich immer nur um im Betriebe direkt durch Material- und Lohnaufwand entstehende Unkosten. Die Feststellung der auf anderem Wege bewirkten Generalunkosten ist Sache der kaufmännischen Buchhaltung. Weitergehend wird diese aber auch die von der Betriebsbuchhaltung ermittelten Zahlen monatlich in ihre Bücher übernehmen müssen. Betrachten wir zunächst die Betriebsunkosten. Das hierfür bestehende Hauptbuchkonto wird neben der Zweiteilung für die Betriebe Mf und Wf noch eine der Betriebseinteilung angepaßte Zerlegung in einem Nebenbuche finden müssen. Wenn für diese Zerlegung des Betriebsunkostenkontos auch vielfach die Eigenart des jeweiligen Geschäfts mitsprechen wird, so dürften die Hauptgesichtspunkte doch stets die gleichen sein. In erster Linie wäre zu beachten: möglichst weitgehende Gliederung bei vollständiger Sicherheit gegen Doppelbelastungen des Betriebsunkostenkontos infolge zweifacher Erfassung eines Unkostenpostens durch die kaufmännische und die Betriebsbuchhaltung. Für mein Beispiel ist das Betriebsunkostenkonto unter Beibehaltung der Unterteilung in konstante und variable Unkosten in 50 Unterkonten wie folgt zerlegt worden:

Betriebsunkostenkonto I für den Betrieb Mf.

a) Unkosten konstanter Natur.

1. Miete für Fabrikräume.
2. Hypothekenzinsen für Fabrikgebäude.
3. Versicherung gegen Feuer und sonstige Schäden.
4. Beiträge für Fachverbände usw.

5. Gehälter der Betriebsbeamten.
6. Angestelltenversicherung der Betriebsbeamten.
7. Krankenversicherung für Arbeiter und Betriebsbeamte.
8. Invalidenversicherung für Arbeiter und Betriebsbeamte.
9. Unfallversicherung für Arbeiter und Betriebsbeamte.
10. Abschreibungen auf Anlagekonten.

b) Unkosten variabler Natur.

11. Elektrisch Licht und Kraft.
12. Gasverbrauch.
13. Wasserverbrauch und Kanalisationsgebühren.
14. Drucksachen und Schreibmaterialien.
15. Frachten- und Rollgelder für eingehende Güter.
16. Patentunkosten.
17. Instandhaltung der Werkzeugmaschinen.
18. Instandhaltung der Werkzeuge.
19. Instandhaltung der Utensilien.
20. Instandhaltung der Krane und sonstigen Hebezeuge.
21. Instandhaltung der Antriebsmotoren.
22. Instandhaltung der elektrischen Leitungen und Lichtanlagen.
23. Instandhaltung der Transmissionen.
24. Transport- und Hilfsarbeiten.
25. Werkstattreinigung.
26. Einrichten der Werkzeugmaschinen.
27. Kontrolleure und Vorarbeiter in Stundenlohn.
28. Schreibarbeiten in den Werkstätten.
29. Verbrauch von Betriebsmaterialien im engeren Sinne.
30. Unterhaltung der Betriebsbureaus.
31. Unterhaltung der Revision.
32. Unterhaltung der Betriebslager.
33. Unterhaltung der Arbeitergarderoben.
34. Instandhaltung der Modelle.
35. Versuchsarbeiten.
36. Unterhaltung der Expedition.
37. Unterhaltung der Hausverwaltung.
38. Unterhaltung der Verwaltungsabteilungen.
39. Unterhaltung der gemeinsamen Lager.
40. Unterhaltung der Heizungsanlagen.
41. Unterhaltung der Personen- und Lastenaufzüge.
42. Unterhaltung der Arbeiterkantine.
43. Unterhaltung der Arbeiterspeiseanstalt.
44. Unterhaltung der Unfallstation.
45. Instandhaltung der Fabrikgebäude und Höfe.

46. Instandhaltung der Rohrleitungen.
47. Instandhaltung der gemeinsamen Licht- und Kraftleitungen.
48. Unterhaltung der Wagen und Gespanne.
49. Unterhaltung der Kraftwagen.
50. Bewachung der Fabrik.

Die Positionen 1—16 werden nur von der kaufmännischen und die Positionen 17—50 nur von der Betriebsbuchhaltung erfaßt. Diese scharfe Abgrenzung der beiderseitigen Aufgaben verhindert am sichersten Doppelbuchungen. Die getrennt ermittelten Zahlen werden dann gemeinsam weiterverarbeitet. Die kaufmännische Buchhaltung bekommt für ihre Monatsabschlüsse die Zahlen der Betriebsbuchhaltung, während diese für die Betriebsunkostenstatistik die von der kaufmännischen Buchhaltung ermittelten Zahlen erhält.

Während bei vielen dieser Unterkonten bereits von vornherein getrennte Buchungen für die beiden Betriebe Mf und Wf möglich sind, müssen andere Posten erst nachträglich aufgeteilt werden. Hierbei sind nun verschiedene Umstände zu beachten, weshalb es vielleicht angebracht ist, die einzelnen Positionen kurz durchzusprechen.

Miete und Hypothekenzinsen wird man nach der Größe der von den einzelnen Betrieben benutzten Räume verteilen, die Versicherungskosten gegen Feuerschäden usw. auf Grund der in den Betrieben vorhandenen Anlagewerte, während man die Beiträge für Fachverbände usw. nach der Höhe der Lohnsumme aufteilen kann. Die Gehälter und Versicherungsbeiträge für Arbeiter- und Angestelltenversicherungen wird man ohne viel Schwierigkeiten von vornherein für die einzelnen Betriebe buchen können. Für die Feststellung der anteiligen Abschreibungsbeträge bilden die in den Betrieben vorhandenen Anlagewerte die Verteilungsbasis. In einem besonderen Kapitel komme ich auf die Frage der Abschreibungen noch näher zurück.

Soweit für elektrischen Strom, Gas und Wasser getrennte Meßapparate für die einzelnen Betriebe vorhanden sind, ist die Aufteilung dieser Unkostenpositionen ohne weiteres gegeben. Beim Fehlen getrennter Meßapparate muß die Aufteilung der hierfür entstandenen Kosten schätzungsweise auf Grund der vorhandenen Antriebsmotorenzahl bzw. Gas- und Wasserverbrauchsstellen erfolgen. Bei den Drucksachen und Schreibmaterialien wird die Feststellung des für die einzelnen Stellen tatsächlich erfolgten Verbrauches oft so umständlich und kostspielig werden, daß man lieber davon absehen und die anteilige Belastung der verschiedenen Betriebe ebenfalls schätzungsweise vornehmen wird. Man hat dann wenigstens die Sicherheit, daß auch alle für Drucksachen und Schreibmaterial aufgewendeten Kosten restlos in die Unkostenberechnungen übernommen werden. Das schließt natürlich nicht aus, daß außerdem der Verbrauch dieser Materialien eingehend kontrolliert wird, um einer Verschwendung vorzubeugen. Die Fracht- und Rollgelder für eingehende Güter wird man auf Grund des Materialverbrauches aufteilen, während mit den Patentunkosten die verschiedenen Betriebe von vornherein belastet werden können.

Die von der Betriebsbuchhaltung erfaßten Positionen 17—50 werden, wie bereits in den vorhergehenden Kapiteln erläutert, größtenteils für die beiden Betriebe Mf und Wf gleich getrennt gebucht. Wo dieses bei einzelnen Positionen nicht möglich ist, erfolgt die nachträgliche Aufteilung nach den in den betreffenden Kapiteln gegebenen Gesichtspunkten.

Die Mitwirkung der kaufmännischen Buchhaltung bei diesen von der Betriebsbuchhaltung bearbeiteten 34 Positionen des Betriebsunkostenkontos ist, abgesehen von der Gefahr doppelter Buchungen, auch aus einem anderen Grunde nicht empfehlenswert. Während die Betriebsbuchhaltung bei der viel weitergehenden Aufteilung stets die betreffende Werkstatt wird belasten können, kann die kaufmännische Buchhaltung bei ihrer begrenzten Gliederung höchstens einen bestimmten Betrieb, also eine Mehrheit von Werkstätten, damit belasten. Da die Betriebsbuchhaltung zur Feststellung der Betriebsunkostenzuschläge aber die Unkosten auf die verschiedenen Werkstätten verrechnen muß, wird sie bei dieser nachträglichen Aufteilung mangels eines geeigneten Verteilungsmaßstabes nicht das der Wirklichkeit entsprechende Verhältnis erzielen können, das die von der Betriebsbuchhaltung erfolgenden direkten Buchungen gewähren. Die kaufmännische Buchhaltung wird derartige Posten praktisch dem Betriebsmaterialienkonto belasten, auch wenn es sich, wie z. B. bei der von einer fremden Firma ausgeführten Reparatur einer Werkzeugmaschine, nicht um eine reine Materiallieferung handelt.

Das Zusammenwirken der rein kaufmännischen und der Betriebsbuchhaltung ist nicht allein auf die Feststellung der Betriebsunkosten beschränkt. Die Betriebsbuchhaltung gibt weitergehend monatlich Aufschluß über die Gliederung der Gesamtlöhne in produktive und unproduktive Löhne. Während die produktiven Löhne vom Lohnkonto auf das Fabrikationskonto übertragen werden, wird mit den unproduktiven Löhnen das Betriebsunkostenkonto belastet. Das Lohnkonto wird also monatlich stets ausgeglichen. Ebenfalls ist der Materialverbrauch für die verschiedenen Bestandkonten nachzuweisen. Hierzu ist es erforderlich, daß die Betriebsbuchhaltung für die von ihr erfaßten 34 Positionen des Betriebsunkostenkontos die auf Löhne, Betriebsmaterialien, Rohmaterialien und Kohlen entfallenden Anteile getrennt feststellt und auch dementsprechend der kaufmännischen Buchhaltung aufgibt. Beim Vorhandensein einer Lagerbuchführung erleichtert solche getrennte Feststellung der Unkostenanteile auch die gegenseitige

Kontrolle. Beim Fehlen einer Lagerbuchführung ermöglichen die auf den Betriebsunkostenkonten getrennt ermittelten Zahlen für Betriebsmaterialien-, Rohmaterialien- und Kohlenverbrauch eine monatliche Entlastung der betreffenden Vorratskonten zu Lasten des Betriebsunkostenkontos. Zur Nachweisung des für die Fabrikation verbrauchten Rohmaterials müßte beim Fehlen einer Lagerbuchführung die Nachkalkulation oder ein anderer Zweig der Betriebsbuchhaltung besondere Aufzeichnungen vornehmen, die kaum billiger sein dürften, als die Unterhaltung einer Lagerbuchführung. Man wird diese wegen ihrer sonstigen Vorteile daher auch dort für erwünscht halten müssen, wo man eine Kontrolle der von der Betriebsunkostenstatistik und Nachkalkulation ermittelten Zahlen für überflüssig hält.

Nun wäre noch das Handlungsunkostenkonto näher zu erwähnen. Auch dieses findet in einem Nebenbuch eine weitgehende Unterteilung wie folgt:

1. Gehälter der kaufmännischen Angestellten.
2. Teuerungszulagen für die kaufmännischen Angestellten.
3. Gratifikationen für die kaufmännischen Angestellten.
4. Angestelltenversicherung für die kaufmännischen Angestellten.
5. Krankenversicherung für die kaufmännischen Angestellten.
6. Invalidenversicherung für die kaufmännischen Angestellten.
7. Reisespesen.
8. Vertreterprovisionen.
9. Propagandaspesen.
10. Sonstige Provisionen.
11. Bankspesen.
12. Zinsverluste.
13. Revisionsspesen.
14. Auskunftsspesen.
15. Anwalts- und Gerichtskosten.
16. Portoauslagen.
17. Telegrammgebühren.
18. Fernsprechgebühren.
19. Postscheckgebühren.
20. Schreibmaterialien und Bureaubedarf.
21. Bureaureinigung.
22. Anteilige Heizungskosten.
23. Beleuchtungskosten.
24. Wasserverbrauch.
25. Zeitungen und Inserate.
26. Versicherungen.
27. Vereinsbeiträge usw.
28. Konventionalstrafen.

29. Steuern.
30. Zölle, Frachten, Paketporti für ausgehende Waren.
31. Verschiedenes.

Die Gliederung des Handlungsunkostenkontos muß natürlich immer den besonderen Verhältnissen des jeweiligen Geschäfts angepaßt werden. Es wird ebenfalls monatlich ausgeglichen, in dem der Debetsaldo auf das Warenkonto übertragen wird.

Mit den von der Betriebsbuchhaltung ermittelten Werten des Rohmaterialienverbrauches für die Fabrikation wird das Rohmaterialienkonto monatlich erkannt und das Fabrikationskonto belastet. Auf das letztere Konto wird auch das Betriebsunkostenkonto monatlich übertragen, so daß dieses ebenso wie das Lohn- und das Handlungsunkostenkonto monatlich ausgeglichen wird. Für die vom Betriebe an das Versandlager gelieferten Waren wird das Fabrikationskonto mit den von der Nachkalkulation festgestellten Herstellungswerten erkannt und das Fabrikatekonto entsprechend belastet. Der auf dem Fabrikationskonto verbleibende Debetsaldo stellt die in Arbeit befindlichen Halbfabrikate dar.

Für die erfolgten Ausgänge wird das Fabrikatekonto mit den Herstellungswerten erkannt und das Warenkonto entsprechend belastet. Dieses Konto, das neben dem Übertrag vom Fabrikatekonto auch mit dem Debetsaldo des Handlungsunkostenkontos belastet wird, wird kreditiert mit dem Fakturenwert der ausgehenden Waren. Der verbleibende Debet- oder Kreditsaldo stellt den Verlust bzw. Gewinn des Warengeschäftes für die betreffende Abschlußzeit dar.

Das bisher über das Ineinandergreifen der verschiedenen Konten Gesagte gibt nachstehende schematische Darstellung dieser Konten übersichtlich wieder:

Debet.		Rohmaterialienkonto.	Kredit.
An Kontokorrentkonto	200 000,—	Per Fabrikationskonto .	180 000,—
		„ Betriebsunkostenkonto	5 000,—
		Saldo	15 000,—
	200 000,—		200 000,—

Debet.		Betriebsmaterialienkonto.	Kredit
An Kontokorrentkonto .	50 000,—	Per Betriebsunkostenkonto	45 000,—
		Saldo	5 000,—
	50 000,—		50 000,—

Debet.		Kohlenkonto.	Kredit
An Kontokorrentkonto .	11 000,—	Per Betriebsunkostenkonto	10 000,—
		Saldo	1 000,—
	11 000,—		11 000,—

Lohnkonto.

Debet.			Kredit.
An Kassakonto	300 000,—	Per Fabrikationskonto .	180 000,—
		„ Betriebsunkostenkonto	120 000,—
	300 000,—		300 000,—

Betriebsunkostenkonto.

Debet.			Kredit.
An Betriebsmaterialienkto.	45 000,—	Per Fabrikationskonto .	180 000,—
„ Rohmaterialienkonto	5 000,—		
„ Kohlenkonto	10 000,—		
„ Lohnkonto	120 000,—		
	180 000,—		180 000,—

Fabrikationskonto.

Debet.			Kredit.
An Rohmaterialienkonto	180 000,—	Per Fabrikatekonto . . .	420 000,—
„ Lohnkonto	180 000,—	Saldo	120 000,—
„ Betriebsunkostenkonto	180 000,—		
	540 000,—		540 000,—

Fabrikatekonto.

Debet.			Kredit.
An Fabrikationskonto . .	420 000,—	Per Warenkonto	400 000,—
		Saldo	20 000,—
	420 000,—		420 000,—

Warenkonto.

Debet.			Kredit.
An Fabrikatekonto . . .	400 000,—	Per Kontokorrentkonto .	580 000,—
„ Handlungsunkostenkto.	12 000,—		
Saldo	168 000,—		
	580 000,—		580 000,—

In diesem Falle hätte das Warengeschäft für die in Frage stehende Abschlußzeit einen Gewinn von 168 000 M. abgeworfen.

Herrscht in einem Fabrikgeschäft die aus den bisherigen Ausführungen sich als notwendig ergebende innige Zusammenarbeit der rein kaufmännischen mit der Betriebsbuchhaltung bei trotzdem genau abgegrenzten Aufgabengebieten, so werden die erforderlichen Buchungsarbeiten infolge Vermeidung gleicher Aufzeichnungen an beiden Stellen auf dem einfachsten und billigsten Wege ausgeführt werden können.

Die Berechnung der Betriebsunkostenzuschläge.

Um die zur Feststellung der Betriebsunkostenzuschläge erforderlichen Arbeiten am besten erläutern zu können, hielt ich die Einrückung eines vollständig durchgerechneten Beispiels für praktisch. Dieses Beispiel wird nur den nach Bearbeitungsarten bzw. Werkstätten abgestuften Lohnaufschlag erläutern, den ich — wie bereits im Kapitel 4 bemerkt — für die Mehrzahl aller Fabrikationsbetriebe der Maschinenindustrie für am geeignetsten halte.

Um den zur Deckung der Betriebsunkosten erforderlichen Zuschlag zu ermitteln, müssen die Betriebsunkosten jeder Abteilung den produktiven Löhnen gegenübergestellt werden. Um falsche, durch Zufälligkeiten beeinflußte Schlüsse zu vermeiden, wird man diesen Berechnungen die Ergebnisse eines längeren Zeitraumes, am besten eines geschlossenen Geschäftsjahres, zugrunde legen müssen. Bei Werken mit ziemlich gleichbleibendem Geschäftsgange wird man besser noch den Durchschnitt mehrerer Jahre als Material benutzen. Diese Möglichkeit wird allerdings nur für eine beschränkte Zahl von Geschäften verwertbar sein, denn die Mehrzahl aller industriellen Unternehmungen der Maschinenindustrie befindet sich wohl in dauernder Erweiterung. Diese Werke werden daher wohl stets nur die Ergebnisse des letzten Geschäftsjahres den Berechnungen zugrunde legen können. Bei schwankendem Geschäftsgange hat dies gewisse Unzulänglichkeiten im Gefolge, die durch eine dauernde Kontrolle, welche ich im folgenden Kapitel näher schildern werde, ausgeglichen werden müssen.

Im Kapitel 6 hatte ich die Betriebsunkosten in Werkstattunkosten und allgemeine Betriebsunkosten und diese letzteren wiederum in konstante und variable Unkosten gegliedert. Während die Werkstattunkosten von vornherein für jede Abteilung getrennt festgestellt werden, müssen die für alle oder eine Mehrheit von Werkstätten entstehenden allgemeinen Betriebsunkosten nachträglich unter Berücksichtigung der Interessenhöhe an den einzelnen Positionen aufgeteilt werden. Wenn dies auch in den verschiedenen Werken nicht nach dem gleichen Schema erfolgen kann, so wird eine als Beispiel durchgeführte derartige Aufteilung doch manchen Anhalt geben für das, was bei solchen Berechnungen zu berücksichtigen ist.

Die konstanten Betriebsunkosten zeigen für das der Berechnung zugrunde gelegte Geschäftsjahr für den Betrieb Mf in den einzelnen Posten nachstehende Zahlen:

Pos.	1.	Miete für Fabrikräume	24 000 M.
„	2.	Hypothekenzinsen für Fabrikgebäude	32 600 „
„	3.	Versicherung gegen Feuer und sonstige Schäden	6 412 „
„	4.	Beiträge für Fachverbände usw.	6 800 „
„	5.	Gehälter der Betriebsbeamten	520 112 „
„	6.	Angestelltenversicherung der Betriebsbeamten	24 560 „
„	7.	Krankenversicherung für Arbeiter und Betriebsbeamte	47 740 „
„	8.	Invalidenversicherung „ „ „	24 466 „
„	9.	Unfallversicherung „ „ „	16 322 „
„	10.	Abschreibungen auf Anlagekonten	346 742 „
			1 049 754 M.

In dieser Aufstellung enthalten die Positionen 1—4, die für die beiden Betriebe Mf und Wf gemeinsame Unkosten darstellen, nur die nach dem Betriebsumfange ermittelten Anteile für den Betrieb Mf. Die

Positionen 5—9 werden in den Büchern von vornherein für beide Betriebe getrennt gehalten. Bei Position 5—9 sind entsprechende Anteile der in den gemeinsamen variablen Betriebsunkosten nicht eingesetzten Gehälter und Versicherungsbeiträge für die Betriebsbeamten in Ansatz gebracht.

Die Aufteilung der konstanten Betriebsunkosten auf die einzelnen Werkstätten geschieht wie folgt:

Pos. 1—3 nach der Größe des benutzten Raumes,
,, 4—9 nach der Höhe der produktiven Löhne,
,, 10 nach dem Maßstabe der in den einzelnen Abteilungen vorhandenen Anlagewerte.

Die hiernach ermittelten Anteile werden in Formular Nr. 9, das in seinem ersten Teile die Zusammensetzung der Werkstattunkosten enthält, in Absatz B den einzelnen Abteilungen hinzugesetzt. Die Einstellung der Werkstattunkosten erfolgt aus dem Betriebsunkostenbuch Formular Nr. 6, das die gleichen Positionen enthält. Über den in den Werkstattunkosten enthaltenen Posten: „Verbrauch von Betriebsmaterialien", gibt eine Aufstellung nach Formular Nr. 10 weitergehenden Aufschluß. Erst an Hand dieser Unterteilung wird es in vielen Fällen möglich sein, festzustellen, ob und in welchem Umfange und bei welchen Materialien Ersparnisse erzielt werden können.

Die nachstehende Aufstellung der variablen Betriebsunkosten für den Betrieb Mf umfaßt sämtliche für diesen Betrieb laut Kapitel 8 und 12 in Frage kommenden Unkostenkonten einschließlich der für die beiden Betriebe Mf und Wf gemeinsam bestehenden Konten 1—35. Zur Erläuterung der Aufteilung mögen nachstehende Bemerkungen dienen: Die Konten Bu 11—16 werden von der kaufmännischen Buchhaltung geführt. Die Aufteilung dieser Posten wurde bereits in Kapitel 12 erläutert.

Konto 1001. Diese Unkosten sind, da alle Abteilungen ungefähr ihrer Stärke gemäß daran beteiligt sind, anteilig auf die produktiven Löhne verrechnet.

Konto 1003—1007. Unter Ausnahme der Betriebsschlosserei sind diese Kosten auf alle Abteilungen nach der Höhe der produktiven Löhne verteilt. Auch Werkstätten, wie die Lackiererei usw. müssen hierzu herangezogen werden, da sie nicht als selbständige, sondern als mithelfende Abteilungen bei der Herstellung der Erzeugnisse, für die diese Unkosten entstehen, anzusehen sind.

Konto 1009. Verteilung auf alle Werkstätten nach dem Maßstabe der produktiven Löhne.

Konto 1011 u. 1013. Verteilung nach dem gleichen Maßstabe, aber unter Ausschluß der Lackiererei, Betriebsschlosserei und Modelltischlerei, die an diesen Einrichtungen nicht interessiert sind.

Aufteilung der variablen Betriebs-

Geschäftsjahr

Konto-Nr.	Gesamtbetrag M.	Anteile de…							
		M 1 M.	M 2 M.	M 3 M.	M 4 M.	M 5 M.	M 6 M.	M 7 M.	M 8 M.
Bu 11	123 425	2 190	30 400	21 230	5 480	13 700	20 550	6 850	8 220
Bu 12	4 212	—	—	—	—	—	—	—	—
Bu 13	7 032	—	—	—	—	—	—	—	—
Bu 14	32 740	—	—	—	—	—	—	—	—
Bu 15	19 566	—	—	—	—	—	—	—	—
Bu 16	6 222	—	—	—	—	—	—	—	—
1001	9 440	750	6 975	9 150	4 725	6 900	5 625	2 025	6 150
1003	8 324	—	—	—	—	—	—	—	—
1005	2 422	—	—	—	—	—	—	—	—
1007	6 354	188	1 765	2 292	1 180	1 748	1 410	510	1 540
1009	1 006	10	93	122	63	92	75	27	82
1011	632	—	—	—	—	—	—	—	—
1013	71 857	810	7 545	9 890	5 124	7 470	6 080	2 200	6 660
1015	14 204	—	—	—	—	—	—	—	—
1017	18 592	260	2 420	3 170	1 637	2 220	1 955	720	2 140
1019	14 424	—	2 300	2 820	—	—	1 728	575	1 880
1021	22 018	221	2 108	2 762	1 392	2 033	1 768	597	1 812
1023	7 838	78	730	960	490	720	590	210	640
1025	16 590	—	2 510	3 260	—	—	2 010	720	2 190
1027	22 970	280	2 600	3 400	1 740	2 560	2 090	760	2 300
1—35	363 252	3 632	33 782	44 316	22 885	33 420	27 245	9 808	29 786
Zusammen	773 120	8 419	93 228	103 372	44 716	70 863	71 126	25 002	63 400

Unkosten für den Betrieb Mf.

1915/16.

Werkstätten								
M 9 ℳ	M 10 ℳ	M 11 ℳ	M 12 ℳ	M 13 ℳ	M 14 ℳ	M 15 ℳ	M 16 ℳ	Gesamtbetrag ℳ
1 370	685	3 100	5 480	1 740	140	1 740	550	123 425
—	—	850	542	802	1 050	428	540	4 212
—	—	—	—	—	—	—	—	—
—	—	—	—	—	—	—	—	—
—	—	—	—	—	—	—	—	—
—	—	—	—	—	—	—	—	—
375	2 400	7 350	5 625	8 925	450	6 975	600	75 000
—	—	—	—	—	—	—	—	—
—	—	—	—	—	—	—	—	—
93	600	1 850	1 410	2 240	120	—	154	17 100
5	32	98	75	125	6	93	8	1 006
—	—	—	—	—	—	—	—	—
440	2 640	7 890	6 080	9 660	—	—	—	72 489
—	—	4 260	—	5 684	—	4 260	—	14 204
130	840	—	—	3 100	—	—	—	18 592
—	—	2 385	—	2 736	—	—	—	14 424
110	707	2 166	1 657	2 630	—	2 055	—	22 018
40	250	770	590	930	48	730	62	7 838
—	—	2 730	—	3 170	—	—	—	16 590
140	880	2 730	—	3 320	170	—	—	22 970
1 816	11 624	35 600	27 245	43 225	2 180	33 782	2 906	363 252
4 519	20 658	71 779	48 704	88 287	4 164	50 063	4 820	773 120

Feststellung des Betriebsunkosten

Geschäftsjah

Bezeichnung der Unkosten	Betrieb						
	M 1 ℳ	M 2 ℳ	M 3 ℳ	M 4 ℳ	M 5 ℳ	M 6 ℳ	M 7 ℳ
A. Werkstattunkosten:							
Instandhaltung der Werkzeugmaschinen	9 406	53 610	56 840	24 406	31 708	16 340	6 6
„ Werkzeuge	3 640	180 340	162 620	92 104	32 640	220 260	28 3
„ Utensilien	860	7 410	8 460	5 310	6 408	4 230	8
„ Krane u. Hebezeuge	820	1 640	1 212	—	—	—	9
„ Antriebsmotoren	415	12 330	16 240	8 406	10 340	6 740	2 1
„ Elektr. Anlagen	206	1 410	1 810	1 020	1 610	1 210	9
„ Transmissionen	—	12 340	10 612	4 610	8 420	4 480	2 6
Transp. u. Hilfsarbeiten	12 106	56 480	64 340	28 340	42 410	36 415	26 4
Werkstattreinigung	1 210	3 630	4 210	3 410	3 840	4 140	1 8
Einrichten der Maschinen	—	11 460	14 320	42 360	4 310	4 210	2 1
Kontrolleure u. Vorarbeiter	—	23 320	28 410	13 610	15 306	14 320	6 4
Schreibarbeiten	2 640	4 840	9 108	4 260	4 608	3 210	2 8
Betriebsmaterialien	9 810	28 460	32 320	34 180	9 406	6 840	2 1
Zusammen	41 113	397 270	410 502	262 016	171 006	322 395	84
B. Allgemeine Betriebsunkosten:							
a) konstanter Natur	15 015	142 119	120 538	60 790	120 480	89 365	42
b) variabler Natur	8 419	93 228	103 372	44 716	70 863	71 126	25
Gruppe A. u. B. zusammen	64 547	632 617	634 412	367 522	362 349	482 886	151
C. Löhne:							
a) Gesamtlöhne	46 920	421 840	530 450	306 880	377 760	313 530	129
b) Unproduktive Löhne	16 520	121 240	133 650	104 240	79 360	68 930	42
c) Produktive Löhne	30 400	300 600	396 800	202 640	298 400	244 600	86
D. Prozentuales Verhältnis der Unkosten zu den produktiven Löhnen:							
a) der Werkstattunkosten	135%	132%	103%	129%	57%	132%	98
b) der gesamten Unkosten	212%	210%	160%	181%	121%	197%	175

Formu

Zuschlages für den Betrieb Mf.

1915/16.

Abteilungen M 8 ℳ	M 9 ℳ	M 10 ℳ	M 11 ℳ	M 12 ℳ	M 13 ℳ	M 14 ℳ	M 15 ℳ	M 16 ℳ	Zusammen ℳ
18 760	4 640	846	19 462	28 640	1 406	424	3 410	862	277 392
142 640	16 810	2 610	62 310	44 610	34 310	506	32 160	1 160	1 057 080
6 410	610	1 240	8 420	6 420	10 406	640	9 410	480	77 556
—	—	610	—	—	2 640	—	—	—	7 828
9 406	1 040	208	5 410	3 640	3 110	—	2 420	105	81 916
1 110	268	162	912	810	1 110	106	1 210	102	13 968
8 640	—	—	6 400	4 200	—	—	1 420	—	63 734
41 810	9 240	13 400	52 460	41 110	68 620	6 210	31 240	3 060	533 651
3 640	652	3 140	3 840	3 620	5 840	1 060	3 810	840	48 702
4 670	10 604	—	6 480	20 100	—	—	—	—	120 654
24 600	—	5 410	26 860	14 240	24 610	—	6 840	5 610	209 616
5 200	1 240	2 840	5 460	4 620	5 840	2 420	3 240	420	62 786
19 810	810	19 420	9 610	11 210	8 410	2 104	9 410	1 140	205 080
286 696	45 914	49 886	207 624	183 220	166 302	13 470	104 570	13 779	2 759 963
73 931	6 650	30 088	83 873	65 450	109 216	5 760	77 404	6 867	1 049 754
63 400	4 519	20 658	71 779	48 704	88 287	4 164	50 063	4 820	773 120
424 027	57 083	100 632	363 276	297 374	363 805	23 394	232 037	25 466	4 582 837
348 020	38 480	132 000	423 065	339 935	509 110	28 635	366 040	36 775	4 348 500
83 420	22 060	27 340	104 365	97 475	122 470	10 235	63 480	10 975	1 108 500
264 600	16 420	104 660	318 700	242 460	386 640	18 400	302 560	25 800	3 240 000
108%	280%	48%	65%	76%	43%	73%	34%	53%	85%
160%	348%	96%	114%	123%	94%	127%	77%	99%	141%

Nr. 9.

Betriebsunkostenkonto Nr. 125. Verbrauch

Monat

Abteilung	Öle und Fette ℳ	Petroleum ℳ	Benzin, Benzol ℳ	Seife und Soda ℳ	Schmirgelleinen ℳ	Putzlappen ℳ	Chemikalien ℳ	Packmaterial ℳ
M 1								
M 2								
M 3								
M 4								
M 5								
M 6								
M 7								
M 8								
M 9								
M 10								
M 11								
M 12								
M 13								
M 14								
M 15								
M 16								
Zusammen								

Formular

Konto 1015. Diese Unkosten sind nur auf die daran beteiligten Werkstätten M 11, M 13 und M 15 verrechnet.

Konto 1017. Verteilung mit Ausnahme der Werkstätten M 11, M 12, M 14, M 15 und M 16, die an dem Teilfabrikatelager nicht interessiert sind, auf alle anderen Abteilungen nach dem Maßstabe der produktiven Löhne.

Konto 1019. Verrechnung anteilig nur auf die interessierten Werkstätten M 2, M 3, M 6, M 7, M 8, M 11 und M 13.

von Betriebsmaterialien für den Betrieb Mf.

Mai 1917.

Sicherungen ℳ	Glühlampen ℳ	Lampenteile ℳ	Drucksachen ℳ	Schreibmaterialien ℳ	Schmiedekohlen ℳ	Holzkohlen ℳ	Diverses ℳ	Zusammen ℳ

Nr. 10.

Konto 1021. Verteilung auf alle Werkstätten nach der Höhe der produktiven Löhne. Ausgenommen sind die Lackiererei und die Modelltischlerei, die an dem Betriebswerkzeuglager nicht interessiert sind.

Konto 1023. Verteilung nach demselben Maßstabe auf alle Abteilungen ohne Ausnahme.

Konto 1025. Ist wie Konto 1019 nur auf die Abteilungen M 2, M 3, M 6, M 7, M 8, M 11 und M 13 verrechnet.

Konto 1027. Mit Ausnahme der Abteilungen M 12, M 15 und M 16, die an den Versuchsarbeiten nicht beteiligt sind, erfolgt die Verrechnung auf alle anderen Werkstätten nach dem Maßstabe der produktiven Löhne.

Konto 1—35. Verteilung nach dem gleichen Maßstabe auf alle Werkstätten ohne Ausnahme.

Die durch Addition der Einzelspalten festgestellten Beträge werden ebenfalls in Formular Nr. 9 unter Absatz B den einzelnen Werkstätten hinzugesetzt.

Der in der letzten Position eingesetzte Anteil an den gemeinsamen Unkostenkonten 1—35 beträgt unter Berücksichtigung des Betriebsumfanges 58% des Gesamtbetrages der für die Betriebe Mf und Wf gemeinsamen Kosten. Diese setzen sich wie folgt zusammen, wobei zu beachten ist, daß Gehälter für Betriebsbeamte in diesen Positionen nicht enthalten sind, da diese bereits bei den konstanten Betriebsunkosten erscheinen:

		Transport	356 138 M.
Konto 1	1 020 M.	Konto 19	15 715 M.
„ 3	126 410 „	„ 21	13 642 „
„ 5	92 612 „	„ 23	24 480 „
„ 7	27 300 „	„ 25	22 318 „
„ 9	58 420 „	„ 27	5 210 „
„ 11	9 106 „	„ 29	83 600 „
„ 13	8 240 „	„ 31	61 410 „
„ 15	24 610 „	„ 33	15 325 „
„ 17	8 420 „	„ 35	28 462 „
Transport	356 138 M.	Zusammen	626 300 M.

Nachdem in Formular Nr. 9 die gesamten Betriebsunkosten für jede Abteilung getrennt festgestellt sind, wird diesen Zahlen die Summe der produktiven Löhne gegenübergestellt. Das Verhältnis beider Zahlen zueinander in Prozenten ausgedrückt, ergibt den zur Deckung der Betriebsunkosten auf die produktiven Löhne zu verrechnenden Zuschlag. Diesen wird man, um eine einfachere Rechnung zu erzielen und zur Berücksichtigung vorkommender Schwankungen im Beschäftigungsgrade, nach oben abrunden können.

Die nach Formular Nr. 9 für die Werkstätten ermittelten differenzierten Zuschläge müssen, um eine Deckung der Betriebsunkosten zu erzielen, in der Selbstkostenberechnung bei allen Aufträgen des Betriebes Mf zur Anwendung kommen. Für einige besonders große und teure Werkzeugmaschinen werden entsprechend erhöhte Zuschläge angesetzt. So sind in der Werkstatt M 2 für 2 große Vertikaldrehwerke und 3 Spezialdrehbänke, die über den Maschinendurchschnitt dieser Abteilung weit hinausgehen, in Berücksichtigung der höheren Abschreibungs- und Betriebskosten die Zuschläge mit 300% für die ersteren und mit 400%

für die letzteren festgesetzt worden. Durch diese erhöhten Zuschläge werden an den 5 Maschinen bei einem Lohnaufwand von 3000 M. pro Maschine und Jahr insgesamt 22 500,— M. Betriebsunkosten mehr gedeckt als bei dem für die Abteilung M 2 sonst geltenden Satze von 210%. Da der Mehrbetrag von 22 500,— M. nur rund $3^1/_2$% der gesamten Betriebsunkosten der Abteilung M 2 ausmacht, wird hierdurch der Durchschnittssatz noch nicht beeinflußt. Sind Ausnahmen in größerem Maßstabe erforderlich, so muß evtl. der Durchschnittssatz der Abteilung herabgesetzt werden, da sonst mehr Betriebsunkosten in der Selbstkostenberechnung angesetzt werden, als in Wirklichkeit vorhanden sind. Man kann demnach mit diesem System bei besserer Übersicht über die gedeckten und ungedeckten Betriebsunkosten ebenso genaue Ergebnisse erzielen wie bei reinen Platzzuschlägen.

Die Kontrolle der Betriebsunkostenzuschläge.

Bei schwankendem Geschäftsgange werden die auf Grund der Ergebnisse eines verflossenen Zeitabschnittes, z. B. des zuletzt abgeschlossenen Geschäftsjahres, zur Deckung der Betriebsunkosten festgestellten Zuschläge in dem Zeitraum, in dem sie bei der Selbstkostenberechnung zur Anwendung kommen sollen, mehr oder weniger stark von den der Wirklichkeit entsprechenden Sätzen abweichen. In einem früheren Kapitel hatte ich bereits gezeigt, daß ein wesentlicher Teil der Betriebsunkosten, die ich konstante Betriebsunkosten nannte, durch die Schwankungen des Beschäftigungsgrades wenig oder gar nicht beeinflußt wird. In dem dem Kapitel 13 zugrunde gelegten Beispiel betragen die konstanten Betriebsunkosten für den ganzen Betrieb Mf in Höhe von 1 049 754 M. 32,4% der Summe der produktiven Löhne von 3 240 000 M., während die variablen Betriebsunkosten einschließlich der Werkstattunkosten mit 3 533 083 M. 109% der produktiven Löhne ausmachen. Beim Nachlassen des Beschäftigungsgrades werden nur die letzteren in ungefähr gleichem Verhältnis fallen, während die konstanten Unkosten in ungefähr gleicher Höhe bestehen bleiben werden. Nehmen wir an, daß die produktiven Löhne für den Gesamtbetrieb Mf infolge geringeren Beschäftigungsgrades von 270 000 M. auf 180 000 M. und die variablen Betriebsunkosten einschließlich der Werkstattunkosten dementsprechend von 294 000 M. auf 196 000 M. monatlich zurückgehen. Da die konstanten Unkosten in Höhe von 87 480 M. monatlich bestehen bleiben, machen die gesamten Betriebsunkosten in Höhe von monatlich 283 480 M. jetzt 158% der produktiven Löhne aus, gegenüber 141% nach dem Ergebnis des Vorjahres. Zu Deckung der Betriebsunkosten wäre also in Wirklichkeit für den Betrieb Mf im Durchschnitt ein Aufschlag von 158% erforderlich. Bei dauernder Verwendung des nach dem Ergebnis des Vorjahres ermittelten Durchschnittszuschlages von 141% in der Selbstkostenberechnung würden demnach ca. 30 000 M. Betriebsunkosten monatlich ungedeckt bleiben.

Ein ähnlicher Zustand würde eintreten, wenn die produktiven Löhne nicht infolge geringeren Beschäftigungsgrades, sondern infolge Einführung rationellerer Arbeitsmethoden eine wesentliche Minderung erfahren. Dies sei an folgendem Beispiel erläutert:

Für eine bestimmte Welle wurden in Abteilung M 2 bisher bei der Einzelanfertigung 6,80 M. Dreherlohn gezahlt. Da der Umsatz es angezeigt erscheinen ließ, diese Wellen in größeren Posten auf Lager anzufertigen, wurden Kopierschienen dafür beschafft und eine geeignete Schruppbank eingestellt. Der Arbeitslohn konnte dadurch auf 3,— M. pro Stück herabgesetzt werden. Ähnliche Ergebnisse wurden bei vielen der in der Abteilung M 2 hergestellten Teilfabrikate erzielt. Die absoluten Betriebsunkosten dieser Abteilung sind zwar von 52 700 M. auf 57 000 M. pro Monat gestiegen, dafür aber die produktiven Löhne bei ungefähr gleichem Beschäftigungsgrade von 25 000 M. auf 15 000 M. monatlich gesunken. Wollte man mit dem auf Grund des vorjährigen Ergebnisses errechneten Zuschlag von 210% weiter kalkulieren, so würden monatlich 25 500 M. Betriebsunkosten in dieser Abteilung ungedeckt bleiben, denn die Unkosten stehen ja jetzt zu den produktiven Löhnen in einem Verhältnis von 380 : 100 gegenüber 210 : 100 nach dem Ergebnis des Vorjahres. Trotzdem aber ist das von der Werkstatt M 2 erzielte Ergebnis ein günstiges, denn sie stellt die ungefähr gleiche Warenmenge mit einem monatlichen Aufwande von 15 000 M. für produktive Löhne und 57 000 M. für Betriebsunkosten, zusammen also für 72 000 M. her, während im Vorjahre 25 000 M. produktive Löhne und 52 700 M. Betriebsunkosten, zusammen also 77 700 M. aufgewendet werden mußten. Gegenüber dem Vorjahre wurde also trotz prozentual höheren Betriebsunkostenzuschlages eine Ersparnis von 5700 M. monatlich erzielt.

Das gleiche Bild zeigt sich bei der Nachkalkulation der einzelnen Fabrikate. Für die bereits erwähnte Welle ergibt sich nachstehende Selbstkostenberechnung:

a) im Vorjahre nach dem alten Verfahren:

Materialkosten	10,80 M.
Produktive Löhne	6,80 „
210% Betriebsunkosten	14,28 „
Herstellungskosten	31,88 M.

b) im neuen Jahre nach dem rationellen Verfahren:

Materialkosten	10,80 M.
Produktive Löhne	3,00 „
380% Betriebsunkosten	11,40 „
Herstellungskosten	25,20 M.

Trotz relativ höheren Betriebsunkostenzuschlages wurde die Welle demnach um 6,68 M. pro Stück billiger.

Schon diese Beispiele zeigen, daß, wenn die Preisfestsetzung auf Grund solch falscher Kalkulation erfolgt, in großen Werken Riesensummen verlorengehen können. Beim Fehlen einer scharfen Konkurrenz liegen zwar oft die Verhältnisse so günstig, daß der einen entsprechenden Gewinnaufschlag enthaltende Verkaufspreis derartige Fehler der Selbstkostenberechnung ausgleichen kann. Es bleibt aber der Übelstand, daß der Geschäftsgewinn, wenn auch befriedigend, nie das Ergebnis zeigen wird, das man auf Grund der von der Nachkalkulation im Laufe des Geschäftsjahres aufgestellten Gewinnberechnungen der einzelnen Aufträge oder auf Grund der Monatsabschlüsse hätte erwarten können. Wo man aber einen genügend hohen Gewinnaufschlag nicht von vornherein in den Verkaufspreis hineinnimmt, werden die auf Grund solch falscher Kalkulation übernommenen Aufträge stets einen Verlust bringen.

Es ist daher unbedingt erforderlich, die zur Deckung der Betriebsunkosten verrechneten Zuschläge dauernd zu kontrollieren, und zwar am besten in monatlichen Zeitabständen, mindestens aber vierteljährlich. Es genügt nicht, die Betriebsunkosten, wenn auch noch so gewissenhaft, nur summarisch festzustellen und mit den entsprechenden Beträgen der Vorjahre zu vergleichen. Es muß vielmehr stets das prozentuale Verhältnis zur Summe der produktiven Löhne ermittelt werden. Dies erfordert natürlich auch ein jedesmaliges Aufteilen der allgemeinen Betriebsunkosten.

Die laufende Kontrolle der Betriebsunkostenzuschläge geschieht an Hand des Formulars Nr. 6. Derartige Aufzeichnungen sind, wie in Kapitel 7 geschildert, für jede Werkstatt laufend zu führen. Sämtliche Angaben, wie sie in dem zur Feststellung des Betriebsunkostenzuschlages benutzten Formular Nr. 9 vorgesehen sind, erscheinen hier für jede Werkstatt auf besonderem Blatt in ihren monatlichen Ergebnissen aneinandergereiht. In einzelnen Monaten auftretende mehr oder weniger große Schwankungen geben natürlich noch keinen Anlaß zur Korrektur des festgesetzten Zuschlages. Der Abschluß mehrerer Monate jedoch läßt bereits erkennen, ob die Abweichungen anhaltender oder nur vorübergehender Natur sind. Im ersteren Falle wird man den für die Selbstkostenberechnung zur Anwendung kommenden Betriebsunkostenzuschlag entsprechend erhöhen oder herabsetzen müssen.

Neben dieser Zahlenstatistik empfiehlt sich noch die Führung eines Diagramms wie Muster 11, und zwar für jede einzelne Werkstatt wie auch für den Gesamtbetrieb. Aus diesem Diagramm ersieht man jederzeit den Umfang der gedeckten und ungedeckten Betriebsunkosten in möglichst in die Augen fallender Form. Auch für die bessere Veranschaulichung anderer Teile der Betriebsunkostenstatistik eignet sich die graphische Darstellung, obwohl sie die Zahlenstatistik nicht ganz ersetzen kann. In großen Werken, in denen die Leiter gewöhnlich mit anderen Arbeiten derartig überhäuft sind, daß sie für die nicht minder wichtige Unkostenstatistik selten die zu den zeitraubenden Zahlenstudien erforderliche ungestörte Stunde erübrigen, werden derartige Darstellungen, in denen die Kurven dem Auge das richtige Bild schneller vermitteln, als die Zahlenreihen, wohl stets am Platze sein.

Betriebsunkosten der Abteilung M 2.

——— Höhe der Betriebsunkosten. – – – – – Gedeckt durch Zuschlag.

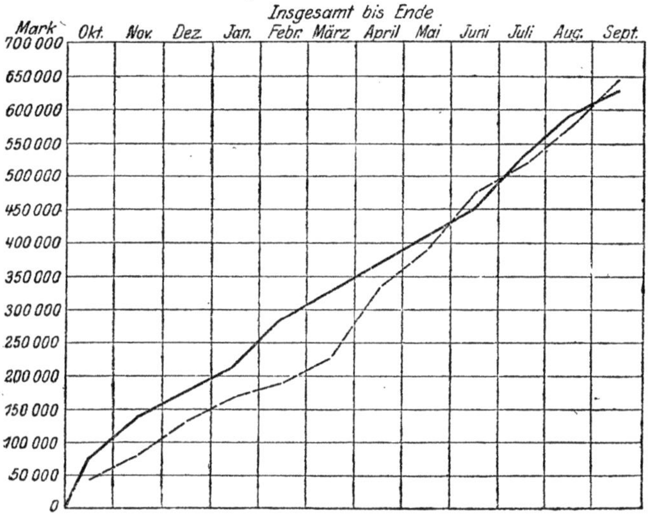

Formular Nr. 11.

Die Handlungsunkosten.

In dem Kapitel „das Zusammenwirken der kaufmännischen Buchhaltung mit der Betriebsbuchhaltung" hatte ich bereits die Unterteilung des Handlungsunkostenkontos in 31 Unterkonten erläutert. Für die Berechnung des Kalkulationszuschlages selbst ist eine so weitgehende Aufteilung der Handlungsunkosten nicht erforderlich, vielmehr soll diese Gliederung nur einen besseren Einblick in die Art und Zusammensetzung der Unkosten ermöglichen.

Wird für einzelne Fabrikationserzeugnisse gegenüber den allgemeinen Fabrikaten ein erhöhter Aufwand an Handlungsunkosten in Gestalt besonderer Reklame und Vertriebsorganisation oder in irgendeiner anderen Form erforderlich, dann müssen natürlich diese Beträge von dem Gros der Handlungsunkosten getrennt und die betreffenden Fabrikate, um ihre Selbstkosten genau feststellen zu können, hiermit besonders belastet werden. In den Werken mit gleichmäßigem Fabrikationsgeschäft ist eine unterschiedliche Verrechnung der Handlungsunkosten auf die verschiedenen Erzeugnisse jedoch nicht erforderlich.

Für das meinen Berechnungen zugrunde liegende Beispiel weist das unterteilte Handlungsunkostenkonto folgende Debetsalden auf:

1.	Gehälter der kaufmännischen Angestellten	620 400	M.
2.	Teuerungszulagen für kaufmännische Angestellte	102 600	,,
3.	Gratifikationen für kaufmännische Angestellte	81 200	,,
4.	Angestelltenversicherung	29 420	,,
5.	Krankenversicherung für kaufmännische Angestellte	7 448	,,
6.	Invalidenversicherung für kaufmännische Angestellte	1 620	,,
7.	Reisespesen	20 460	,,
8.	Vertreterprovisionen	* 246 800	,,
9.	Propagandaspesen	101 720	,,
10.	Sonstige Provisionen	10 320	,,
11.	Bankspesen	86 460	,,
12.	Zinsverluste	135 220	,,
13.	Revisionsspesen	3 200	,,
14.	Auskunftsspesen	2 080	,,
15.	Anwalts- und Gerichtskosten	8 600	,,
16.	Portoauslagen	21 845	,,
17.	Telegrammgebühren	14 220	,,
18.	Fernsprechgebühren	3 110	,,
19.	Postscheckgebühren	6 440	,,
20.	Schreibmaterialien und Bureaubedarf	112 177	,,
21.	Bureaureinigung	8 210	,,
22.	Anteilige Heizungskosten	3 460	,,
23.	Beleuchtungskosten	1 840	,,
24.	Wasserverbrauch	410	,,
25.	Zeitungen und Inserate	5 840	,,
26.	Versicherungen	16 480	,,
27.	Vereinsbeiträge	7 420	,,
28.	Konventionalstrafen	30 200	,,
29.	Steuern	206 600	,,
30.	Zölle, Frachten u. Paketportis f. ausgehende Waren	* 128 412	,,
31.	Verschiedenes	19 640	,,
	Zusammen	2 043 852	M.
		* 375 212	,,
		1 668 640	M.

Die Zölle, Frachten und Paketportis für ausgehende Waren, sowie die Vertreterprovisionen sind zum Schluß abgesetzt worden, da diese Kosten in meinem Beispiel nicht mit in den Zuschlag hineinkommen. Sie werden in jedem Einzelfalle in der wirklich erwachsenen Höhe nur auf die an diesen Positionen interessierten Aufträge verrechnet.

Da die vorstehend aufgeführten Handlungsunkosten in Höhe von 1 668 640 M. für die beiden Betriebe Mf und Wf gemeinsam aufgewendet wurden, ist nachträglich eine Verteilung vorzunehmen. Als Basis hierfür ziehe ich die Umsatzziffern beider Betriebe heran. Diese ergeben für den Betrieb Mf einen Anteil von 58% des gesamten Jahresumsatzes, folglich hat dieser Betrieb auch den gleichen prozentualen Anteil der Handlungsunkosten, der der Summe von 967 811 M. entspricht, zu tragen.

Ich erwähnte bereits früher, daß ich die Handlungsunkosten durch einen Zuschlag auf die Herstellungskosten decke. Diese weisen für den gleichen Zeitraum in den einzelnen Bestandteilen für den Betrieb Mf folgende Zahlen auf:

Materialverbrauch	1 832 000 M.
Produktive Löhne	3 240 000 „
Betriebsunkosten	4 582 837 „
Zusammen	9 654 837 M.

Die Feststellung dieser Ziffern ist in den vorhergehenden Kapiteln ausführlich geschildert worden.

Stellt man den Handlungsunkosten die Herstellungskosten, das ist das Produkt von Materialwert + Lohnwert + Betriebsunkosten gegenüber, so ergibt sich aus den beiden Zahlen 967 811 : 9 654 837 ein Verhältnis von 10 : 100. Es ist demnach zur Deckung der Handlungsunkosten ein 10 proz. Aufschlag auf die Herstellungskosten erforderlich.

Die Selbstkostenberechnung der Verkaufsware.

Bei der Selbstkostenberechnung oder Kalkulation im Fabrikationsgeschäft wird man zwischen Vor- und Nachkalkulation unterscheiden müssen. Die erstere dient neben der Aufstellung von Voranschlägen für neu hereinzunehmende Aufträge auch der Festsetzung der Stücklöhne. Bei dem Vorkalkulator wird man daher je nach der Art des Fabrikationszweiges mehr oder weniger große, in praktischer Werkstatttätigkeit erworbene Fachkenntnisse voraussetzen müssen. Selbst zur Feststellung der für glatte Dreh-, Hobel- oder Fräsarbeiten erforderlichen Stücklöhne, die bei Kenntnis der zur Verfügung stehenden Maschinen und Werkzeuge leicht zu errechnen bzw. aus besonders zu diesen

Zwecken aufgestellten Tabellen zu entnehmen sind, wird man ohne Fachkenntnisse nicht immer das Richtige treffen, da neben der Maschinen- und Werkzeugleistung auch noch die durch die Form und Beschaffenheit des Arbeitsstückes bedingten mehr oder weniger großen Schwierigkeiten beim Aufspannen zu berücksichtigen sind.

Trotz aller Fachkenntnisse wird die Vorkalkulation bei erstmalig auszuführenden Maschinen oder Apparaten den Selbstkostenpreis oft nur schätzungsweise ermitteln können. Bei komplizierten Teilen wird man nicht immer, namentlich wenn nur provisorische Zeichnungen vorliegen, im voraus ersehen können, wie sich das Stück am besten bearbeiten lassen wird. Auch die Montage bringt oft Schwierigkeiten, die man nicht voraussehen konnte. Die richtige Ermittelung der Selbstkosten beim Voranschlag ist also eine ziemlich schwierige Arbeit, auf die nie genug Sorgfalt verwendet werden kann. Auf jeden Fall ist alles Überstürzen bei Ausführung der Voranschläge zu vermeiden.

Aufgabe der Nachkalkulation ist es, für die folgenden Aufträge der Vorkalkulation bereits brauchbare Unterlagen über die in Wirklichkeit gezahlten Löhne geben zu können. Diese Aufgabe wird das Leitmotiv für jede Nachkalkulation sein müssen. Es genügt auf keinen Fall, nur summarisch nachzuweisen, wie teuer die Ausführung eines bestimmten Auftrages in Wirklichkeit geworden ist, denn an dem Gewesenen läßt sich bekanntlich nichts ändern. Die Nachkalkulation muß Aufschluß über die gezahlten Löhne für jedes Bestandteil einer Maschine geben können, und zwar getrennt nach Bearbeitungsoperationen. Die Auffindung jedes Einzelteils in der Nachkalkulation muß daher auch bei den kompliziertesten Maschinen leicht möglich sein.

Die an den Nachkalkulator zu stellenden Anforderungen werden letzten Endes von den im Betriebe vorhandenen Einrichtungen abhängen. So werden in vielen Werken für jeden Auftrag, wenigstens soweit es sich um aus verschiedenen Einzelteilen bestehende Gegenstände handelt, Werkstattstücklisten herausgegeben, die auf die Erfordernisse der Nachkalkulation die weitestgehende Rücksicht nehmen Für jedes Stück ist in diesen Listen vom technischen Bureau die Menge des erforderlichen Rohmaterials ausgeworfen, während die Vorkalkulation die für die verschiedenen Bearbeitungsarten vorausbestimmten Löhne einsetzt. Die Einhaltung dieser Stückpreise seitens der Werkstatt ist nicht immer möglich. Bei großen Abweichungen, gleichgültig ob nach oben oder nach unten, setzt die Werkstatt in die Stückliste einen erläuternden kurzen Vermerk. Die Ausgabe des Rohmaterials erfolgt vom Magazin ebenfalls unter Zuhilfenahme der Stückliste. Mehrbezüge werden vom Magazinverwalter in der Stückliste vermerkt.

Unmittelbar nach Beendigung des Auftrages kommen die Werkstatt- und Magazinstücklisten zur Nachkalkulation. Die Akkord- und Lohnzettel sowie die Materialentnahmescheine führen neben der Kommissionsnummer auch noch die aus der Stückliste ersichtliche Positionsnummer. Bei dieser Einrichtung, die am besten Überschreitungen des Voranschlages vorbeugen kann, wird die Nachkalkulation im wesentlichen nur eine reine Übertragung von Zahlen sein. An die Fähigkeit der mit diesen Arbeiten betrauten Angestellten wird man daher keine besonders großen Ansprüche stellen brauchen.

Leider bestehen die vorstehend geschilderten Einrichtungen erst in vereinzelten Werken. Soll trotzdem die Nachkalkulation brauchbare Unterlagen für die Preisfestsetzung weiterer Aufträge geben können, so wird man auch von dem Nachkalkulator genügende Kenntnis des Fabrikationsprozesses verlangen müssen. Gedankenloses Eintragen der für eine Maschine gezahlten Löhne und verbrauchten Rohmaterialien in die Kalkulationslisten oder Bücher ist noch lange keine Nachkalkulation. Es kommt oft vor, daß die für die einzelnen Aufträge gegebenen Kommissionsnummern seitens der Werkstatt auf den Materialentnahmescheinen, Akkordzetteln oder sonstigen, der Nachkalkulation als Unterlage dienenden Scheinen verwechselt bzw. unrichtig angegeben werden. Hier muß der mit der Übertragungsarbeit in der Nachkalkulation betraute Angestellte so viel praktische Kenntnis besitzen, um aus der Bezeichnung des Gegenstandes und der Bearbeitung sogleich zu ersehen, daß der Zettel nicht zu dem betreffenden Auftrag gehört. Umgekehrt können durch derartige Verwechslungen der Kommissionsnummer bei dem einen Auftrag Akkord- und Lohnzettel fehlen. Wenn in solchen Fällen der Nachkalkulator nicht aus der Zeichnung ungefähr ersehen kann, welche Arbeitsoperationen an einem Stücke erforderlich sind, wird ihm auch das Fehlen einer größeren Anzahl Akkord- und Lohnzettel bei erstmalig ausgeführten Maschinen nicht auffallen. Derartige Nachkalkulationen können unter Umständen ein hinter dem tatsächlich verursachten Selbstkostenaufwand erheblich zurückbleibendes falsches Resultat feststellen, wobei bei Zugrundelegung dieser Zahlen für weitere Aufträge recht wesentliche Verluste entstehen können.

Erfolgen die Eintragungen der gezahlten Löhne in die Kalkulationsbücher oder Listen noch dazu in rein chronologischer Reihenfolge ohne Unterteilung auf die einzelnen Positionen, so wird bei großen Aufträgen, bei denen die Lohnaufzeichnungen viele Seiten in Anspruch nehmen, selbst ein Fachmann nur bei sorgfältiger Prüfung derartige Fehler nachträglich aufdecken können.

Der Wert einer Nachkalkulation wird noch heute nicht überall eingesehen. Man vertritt immer noch oft die Ansicht, daß die durch die Nachkalkulation selbst verursachten Kosten an Gehältern usw. die durch sie bedingten Vorteile reichlich wieder aufheben. Das mag in Einzelfällen zutreffen unter der Voraussetzung, daß die Nachkalkulation nur feststellt, ob und wieviel man bei einem Auftrage verdient oder zugesetzt hat, denn am Gewesenen kann man, wie bereits erwähnt, damit nichts mehr ändern. Wie ich aber ausführte, ist diese Aufgabe weder die alleinige noch die Hauptaufgabe der Nachkalkulation. Neben der Schaffung brauchbarer Unterlagen für die Preisfestsetzung neu aufgenommener Artikel erfüllt sie auch noch einen anderen Zweck von nicht unwesentlicher Bedeutung. Selbst in Werken mit dauernd gleichbleibendem Fabrikationsgange, in denen die Stückpreise infolge jahrelanger Erfahrungen so genau wie nur irgendmöglich festgestellt werden konnten, kann nur eine dauernde Kontrolle sogenannte Schiebungen und damit verbundene Überschreitungen der vorgesehenen Herstellungskosten vermeiden. Selbst wenn die Akkordzettel nicht von der Werkstatt, sondern von einer besonderen Stelle, z. B. der Vorkalkulation, ausgestellt werden, liegt die Gefahr nahe, daß beim Fehlen der erforderlichen Kontrolle die vorgesehenen Kosten erheblich überschritten werden können, indem unberechtigterweise neben den Akkordarbeiten noch angebliche Lohnstunden eingeschoben werden. Wird jeder gezahlte Lohn von der Nachkalkulation sofort für die richtige Kommissionsnummer übertragen, so werden derartige Schiebungen rechtzeitig aufgedeckt und der überhobene Lohnbetrag kann evtl. bei der nächsten Lohnzahlung in Abzug gebracht werden. Besonderer Vorkehrungen zur Vermeidung solcher Schiebungen bedarf es in der Regel nicht. Es genügt, wenn die Werkstätten das Vorhandensein einer von der Nachkalkulation ausgeübten Kontrolle von Zeit zu Zeit zu merken bekommen.

Die von der Nachkalkulation für ihre Aufzeichnungen zu verwendenden Formulare werden in erster Linie von der Art des Fabrikationszweiges abhängig sein. So wird der Maschinen- und Apparatebau andere Formulare verlangen, als die Fabrikation der Massenartikel. Aber auch innerhalb der gleichen Fabrikationszweige verwendet man so mannigfache, auf die verschiedensten Wünsche Rücksicht nehmende Formulare, daß ich die Beibringung eines bestimmten Musters für überflüssig erachte. Die Form ist auch nicht das Ausschlaggebende bei der Nachkalkulation. Hauptbedingung ist die praktische Verwendungsmöglichkeit der Aufzeichnungen für die weitere Preisfestsetzung.

Die von der Nachkalkulation ermittelten Werte stellen bei richtig festgesetztem Generalunkostenzuschlag die reinen Selbstkosten dar. Zur Festsetzung des Verkaufspreises für weitere Aufträge bedarf es dann noch eines Gewinnaufschlages. Die Höhe desselben wird oft nicht dem freien Ermessen des Fabrikanten überlassen sein, sondern sich nach der jeweiligen Marktlage und der Konkurrenz richten müssen.

Die Fabrikation für eigene Rechnung.

Fast jedes größere Werk besitzt eine mehr oder weniger weit ausgebaute eigene Betriebswerkstätte, in der die laufenden Reparaturen an Maschinen und Werkzeugen usw. ganz oder zum Teil ausgeführt werden. Beim Fehlen derartiger besonderer Werkstätten werden diese Instandhaltungsarbeiten in den Fabrikationswerkstätten ausgeführt. Aber nicht nur Reparaturen, sondern auch Neuanfertigungen von Vorrichtungen, Werkzeugen, Maschinen usw. erfolgen vielfach in eigener Werkstatt. Auch bei diesen Aufträgen für eigene Rechnung setzen sich die Selbstkosten nicht nur aus dem Produkt Materialwert + Lohnwert allein zusammen, sondern es gehört jedenfalls ein Anteil der Generalunkosten dazu. Bereits in einem früheren Kapitel führte ich aus, daß, wenn bei der Wertbemessung der Aufträge für eigene Rechnung die Betriebsunkosten außer Ansatz bleiben sollen, diese dann auf anderem Wege, und zwar durch direkte Verteilung auf die Fabrikationsabteilungen, gedeckt werden müssen. Ich befürwortete die Bewertung dieser Betriebsaufträge unter Einschluß der anteiligen Generalunkosten, und zwar sowohl bei Reparaturaufträgen als auch bei Neuanfertigungen, da dieses Verfahren den Vorteil größerer Genauigkeit vor der nachträglichen Aufteilung der sonst ungedeckt bleibenden Generalunkostenanteile voraushat und im Schlußeffekt dasselbe, nämlich die Abwälzung der anteiligen Generalunkosten auf die Verkaufsware erzielt wird.

In dem im Kapitel 5 geschilderten Betriebe Mf hat die Abteilung Vorrichtungsbau, die zum großen Teile für Rechnung des Betriebes arbeitet, in einem Monat Neuanfertigungen und Reparaturen an Vorrichtungen für den Betrieb ausgeführt, die für die verschiedenen Abteilungen nachstehende Material- und Lohnaufwände erforderten:

	Material	Löhne	Zusammen
für die Fräserei	3200 M.	26 000 M.	29 200 M.
„ „ Bohrerei	5900 „	34 000 „	39 900 „
„ „ Stanzerei	2320 „	8 600 „	10 920 „
„ „ Schmiede	410 „	700 „	1 110 „

Bei der Abteilung Vorrichtungsbau machen die gesamten Betriebsunkosten 114% der produktiven Löhne aus. Würde man diesen Aufschlag bei der Bewertung vorstehender Betriebsaufträge berücksichtigen, so stellen sich die Anteile der einzelnen Werkstätten wie folgt:

	Material	Löhne	Betriebsunkosten	Zusammen
für die Fräserei	3 200 M.	26 000 M.	29 640 M.	58 840 M.
„ „ Bohrerei	5 900 „	34 000 „	38 760 „	78 660 „
„ „ Stanzerei . . .	2 320 „	8 600 „	9 804 „	20 724 „
„ „ Schmiede . . .	410 „	700 „	798 „	1 908 „
Zusammen	11 830 M.	69 300 M.	79 002 M.	160 132 M.

Es würden also die interessierten Werkstätten insgesamt 79 002 M. Betriebsunkosten der Abteilung Vorrichtungsbau, und zwar in ihrer

Beteiligung genau entsprechenden Anteilen zu tragen bekommen, indem sich ihr eigener Betriebsunkostenanteil durch Erhöhung des Werkzeuginstandhaltungs-Kontos um den entsprechenden Betrag vergrößert. Bei nachträglicher Aufteilung der Unkosten der Betriebsabteilungen auf die Fabrikationsabteilungen wird sich schwerlich ein zuverlässiger Maßstab hierfür finden.

In dem angeführten Falle stellte auch die Neuanfertigung von Vorrichtungen nur eine Instandhaltung der Bestände dar und wurden daher die hierdurch erwachsenen Kosten von vornherein zu den Betriebsunkosten gerechnet. Bei Neuanfertigungen, die eine Vermehrung der Anlagen darstellen, wird die Bewertung unter Einschluß der anteiligen Betriebsunkosten nicht nur die tatsächlichen Selbstkosten am richtigsten veranschaulichen, sondern nebenbei auch der richtigen Bewertung der Verkaufsware dienen.

In dem meinem Beispiele zugrunde liegenden Werk stellt die Maschinenfabrik in erheblichem Umfange auch Werzkeugmaschinen für die Werkzeugfabrik her. Diese Neuanfertigungen für Rechnung der Werkzeugfabrik verursachten in einem Jahre einen Materialaufwand von 200 000 M. und einen Lohnaufwand von 420 000 M. Im ganzen wurden in dem betreffenden Jahre in der Maschinenfabrik für

Fabrikationsmaterialien	1 832 000 M.
und für produktive Löhne	3 240 000 M.

Aufwendungen erforderlich. Die Betriebsunkosten betrugen für den gleichen Zeitraum 4 582 837 M., also im Durchschnitt 141% der produktiven Löhne. Die wirklichen Selbstkosten der für die Werkzeugfabrik hergestellten Maschinen würden also sein:

Rohmaterialien	200 000 M.
Produktive Löhne	420 000 „
Betriebsunkosten (141%)	592 200 „
Zusammen	1 212 200 M.

gegenüber 620 000 M. bei Nichtansetzung der anteiligen Betriebsunkosten. Hierbei ist zu berücksichtigen, daß die eingesetzten 141% Betriebsunkosten nur den Betriebsdurchschnitt des Betriebes Mf darstellen, der aber zur Veranschaulichung des Bildes genügt.

Bei Berechnung der Maschinenlieferungen für den Betrieb Wf ohne anteilige Betriebsunkosten wären die gesamten Betriebsunkosten des Betriebes Mf in Höhe von 4 582 837 M. von den eigentlichen Kundenaufträgen zu tragen, also auf die verbleibenden produktiven Löhne im Betrage von 2820000 M. zu verrechnen. Dazu wäre im Durchschnitt ein Lohnaufschlag von 163% erforderlich. Es würde also die Verkaufsware mit einem im Durchschnitt um 22% höheren Aufschlag belastet werden müssen, um die bei der Herstellung der für den Betrieb Wf bestimmten Werkzeugmaschinen entstandenen Betriebsunkosten mit zu decken.

Auch für die Selbstkostenberechnung der Werkzeugfabrik ist dieser Fall nicht ohne Interesse. Bei jährlicher Abschreibung von 10% des Anschaffungswertes würde die Werkzeugfabrik bei voller Bewertung der fraglichen Maschinen jährlich 121 220 M., in dem anderen Falle nur 62 000 M. für Abschreibungen auf diese Maschinen in die Generalunkosten einstellen müssen. Die Fabrikate dieses Betriebes würden also in dem letzteren Falle um insgesamt 59 220 M. auf Kosten der Erzeugnisse des Betriebes Mf billiger erscheinen.

Die angeführten Beispiele lassen wohl zur Genüge erkennen, daß im Interesse einer richtigen Selbstkostenberechnung die Bewertung auch der eigenen Betriebsaufträge die anteiligen Betriebsunkosten mit einbeziehen muß, während die Vertriebs- oder Handlungsunkosten bei diesen Aufträgen nicht in Ansatz gebracht werden dürfen.

Eine Ausnahme machen die Instandhaltungsarbeiten, die eine Werkstatt für sich selbst ausführt. Die Dreherei M 2 fertigt sich z. B. als Ersatz für unbrauchbar gewordene Drehdorne neue an, die in einem Monat einen Materialaufwand von 400 M. und einen Lohnaufwand von 1200 M. verursachen. Die Betriebsunkosten dieser Abteilung machen 210% der produktiven Löhne aus. Würde man die für die eigene Werkstatt ausgeführten Aufträge ebenfalls unter Zurechnung dieses Aufschlages bewerten, so würde sich der auf die Kundenaufträge entfallende Betriebsunkostenanteil fürs erste zwar um 2520 M. verringern, dafür aber die Betriebsunkosten dieser Werkstatt dadurch, daß das Werkzeuginstandhaltungskonto für die Drehdorne nicht mit 1600 M. sondern mit 4120 M. belastet werden müßte, um denselben Anteil sich wieder erhöhen. Man würde also nur mit der einen Hand geben, was die andere im selben Augenblick wieder nimmt. Daher wird man diese internen Aufträge einer Werkstatt stets ohne Zurechnung der Betriebsunkosten bewerten müssen.

Für die Fortlassung des Betriebsunkostenanteils bei der Bewertung eigener Anlageobjekte sprechen auch oft Gründe bilanztechnischer Natur mit, die ich hier aber nicht weiter erläutern will, da meine Ausführungen nur die Einflüsse der verschiedenen Bewertungsverfahren auf die Selbstkostenberechnung zeigen sollten.

Vergleiche zwischen dem einheitlichen Lohnaufschlag und den nach Bearbeitungsarten abgestuften Werkstatt-Lohnzuschlägen.

Nachdem ich in den vorhergehenden Kapiteln die Deckung der Generalunkosten durch einen für Betriebs- und Handlungsunkosten getrennten Zuschlag eingehend geschildert habe, will ich nun kurz noch einige Vergleiche ziehen zwischen diesen nach Bearbeitungsarten abgestuften Werkstatt-Lohnzuschlägen und dem einheitlichen Lohnzuschlag, der die Betriebs- und Handlungsunkosten in einem Satze deckt und keine Rücksicht auf die Verschiedenheit der Fabrikationsabteilungen nimmt.

Bei dem letzteren Verfahren wären bei dem Betriebe Mf die gesamten Generalunkosten, die sich aus 4 582 837 M. Betriebsunkosten und 967 811 M. Handlungsunkosten zusammensetzen, in ein Verhältnis zur Summe der produktiven Löhne zu bringen, also 5 550 648 : 3 240 000 $= 171^1/_2 : 100$. Es wäre demnach für den Betrieb Mf ein einheitlicher Lohnaufschlag von 172% zur Deckung der Generalunkosten erforderlich. Durch diesen einheitlichen 172prozentigen Zuschlag werden ebenso wie bei den nach Werkstätten abgestuften Zuschlägen in der Selbstkostenberechnung der Gesamtheit aller Aufträge die Generalunkosten restlos gedeckt, nur werden diejenigen Erzeugnisse, die einer weitgehenden Maschinenbearbeitung bedürfen, gegenüber den hauptsächlich auf Handarbeit beruhenden Erzeugnissen zu billig und die letzteren zu teuer erscheinen. Derselbe Mißstand würde sich bei Fabrikaten bemerkbar machen, die eine Bearbeitung auf teuren Spezialmaschinen erfordern, gegenüber Erzeugnissen, deren Bearbeitung auf Durchschnittsmaschinen erfolgt. Diese Unterschiede seien an zwei Beispielen erläutert:

Beispiel 1.

Zusammenstellung der Selbstkosten für eine im Betriebe Mf hergestellte Werkzeugmaschine.

a) Bei differenzierten Werkstatt-Lohnzuschlägen:

	produkt. Löhne	Betriebsunkosten %	Betriebsunkosten Betrag	
Rohmaterialien				586,00 M.
Bearbeitung in Abt. M 1	22,00	210	46,20 M.	
„ „ „ M 2	240,00 }	210	504,00 „	
	180,00 }	400	720,00 „	
„ „ „ M 5	68,00	120	81,60 „	
„ „ „ M 6	254,00	200	508,00 „	
	24,00 }	175	42,00 „	
„ „ „ M 7	48,00 }	300	144,00 „	
„ „ „ M 8	46,00	160	73,60 „	
„ „ „ M 9	12,00	350	42,00 „	
„ „ „ M 13	150,00	95	142,50 „	
„ „ „ M 14	10,00	130	13,00 „	
Produktive Löhne	1054,00 M.			1054,00 M.
Betriebsunkosten			2316,90 M.	2316,90 „
Herstellungskosten ab Werkstatt				3956,90 M.
+ 10% Handlungsunkosten				395,70 „
Selbstkostenpreis				4352,60 M.

Bei der Bearbeitung in den Werkstätten M 2 und M 7 sind Spezialmaschinen, für die besondere Zuschläge festgesetzt sind, mit den in der Aufstellung ersichtlichen Lohnanteilen beteiligt.

b) Bei einheitlichem Lohnzuschlage:

Rohmaterialien	586,00 M.
Produktive Löhne	1054,00 „
Generalunkosten (172% auf die Löhne)	1812,90 „
Selbstkostenpreis	3452,90 M.

Beispiel 2. **Zusammenstellung der Selbstkosten für eine im Betriebe MI hergestellte Vorrichtung.**

a) Bei differenzierten Werkstatt-Lohnzuschlägen:

	produkt. Löhne	Betriebsunkosten %	Betriebsunkosten Betrag	
Rohmaterialien				49,20 M.
Bearbeitung in Abt. M 3	18,00	160	28,80 M.	
„ „ „ M 6	6,00	200	12,00 „	
„ „ „ M 10	46,00	100	46,00 „	
„ „ „ M 13	120,00	95	114,00 „	
Produktive Löhne	190,00 M.			190,00 M.
Betriebsunkosten			200,80 M.	200,80 „
Herstellungskosten ab Werkstatt				440,00 M.
+ 10% Handlungsunkosten				44,00 „
Selbstkostenpreis				484,00 M.

b) Bei einheitlichem Lohnzuschlage:

Rohmaterialien	49,20 M.
Produktive Löhne	190,00 „
Generalunkosten (172% auf die Löhne)	326,80 „
Selbstkostenpreis	566,00 M.

In dem Beispiel 1 erscheinen die Selbstkosten bei dem einheitlichen Lohnaufschlage fälschlicherweise um rund 900 M. billiger als bei den differenzierten Werkstatt-Lohnzuschlägen, die dem Umstande möglichst weit Rechnung tragen, daß auf teuren oder viel Betriebskraft verbrauchenden Maschinen die Unkosten höher sein werden als bei gewöhnlichen Maschinen oder bei der Handarbeit. Man wird daher bei den auf dem einheitlichen Lohnzuschlage beruhenden Verkaufspreisen der in Beispiel 1 angeführten Maschinen stets Geld zusetzen müssen, das dann wieder bei anderen Fabrikaten, wie den im Beispiel 2 angeführten Vorrichtungen, deren Selbstkosten bei dem einheitlichen Lohnaufschlag um 82,00 M. teurer erscheinen als bei den der Wirklichkeit bedeutend näher kommenden abgestuften Werkstatt-Lohnzuschlägen, eingebracht werden muß. Man mag einmal gezwungen sein, bei Festsetzung der Verkaufspreise absichtlich eine derartige Preispolitik zu treiben, also ein Erzeugnis von einem anderen durchschleppen zu lassen, vorteilhaft wird es aber auch in diesen Fällen sein, die genauen Selbstkosten zu wissen. Diese können aber, wie gezeigt, bei dem einheitlichen Lohnaufschlag im einzelnen nicht richtig ermittelt werden.

Druck der Spamerschen Buchdruckerei in Leipzig.

GPSR Compliance

The European Union's (EU) General Product Safety Regulation (GPSR) is a set of rules that requires consumer products to be safe and our obligations to ensure this.

If you have any concerns about our products, you can contact us on ProductSafety@springernature.com

In case Publisher is established outside the EU, the EU authorized representative is:

Springer Nature Customer Service Center GmbH
Europaplatz 3
69115 Heidelberg, Germany

Batch number: 10844655

Printed by Printforce, the Netherlands